Dr. Thomas Diehn LL.M. (Harvard)
Lehrbeauftragter der Universität Hamburg,
Notar in Hamburg

Streitstände KOMPAKT
Band 5
Sachenrecht

Diehn, Thomas:
Sachenrecht: Streitstände KOMPAKT / von Thomas Diehn – 7. Auflage – Dänischenhagen: Richter Verlag, 2026
(Streitstände KOMPAKT)
ISBN 978-3-935150-82-8

Hans-Peter Richter
Paul-Schroeder-Straße 18
24229 Dänischenhagen
Tel. 04349-1725
Fax 04349-571
e-mail: RICHTER-VERLAG@t-online.de
Website: www.Richter-Verlag.de

Druck und Verarbeitung: Sowa Druck, Polen
Umschlaggestaltung und Druckvorbereitung: Schmidt & Klaunig; Stamp Media, Kiel

Weitere Bücher dieser Reihe sind erhältlich über den Buchhandel oder direkt vom Verlag.

7. Auflage 2026

ISBN 978-3-935150-82-8

Vorbemerkungen

In allen Bundesländern gehören zur Juristischen Staatsprüfung mehr oder weniger viele Aufsichtsarbeiten. Das Sachenrecht – **Kernbereich** des Zivilrechts – ist überall **Pflichtstoff**. Hier dürfen Sie nicht auf Lücke setzen!

Eine gute sachenrechtliche Examensklausur gelingt in der Regel nur, wenn der Kandidat über hinreichende Rechtskenntnisse verfügt. Dazu gehören zunächst zivilrechtliche Grundkenntnisse, die nicht Gegenstand dieses Skriptes sind. Ich muss sie vielmehr voraussetzen. **Grundkenntnisse sind ein Negativ-Faktor der Klausur**. Machen Sie sich klar, dass Sie in einer Aufsichtsarbeit kaum einen Punkt dafür bekommen können, einschlägige Anspruchsgrundlagen zu finden oder diese in ihrer Struktur zutreffend zu prüfen. Im Elementaren können Sie überwiegend nur Punkte verlieren, wenn Sie Fehler machen, aber wenig hinzugewinnen.

Dieses ist ein Positiv-Skript. In jeder gut konzipierten Examensklausur gibt es viele Gelegenheiten, Punkte zu sammeln. Der Grund dafür liegt in der Notwendigkeit zur Notendifferenzierung. Sie können davon ausgehen, in einer sachenrechtlichen Aufsichtsarbeit zahlreiche Möglichkeiten zu haben, Ihr zivilrechtliches Können unter Beweis zu stellen. Es sind dies diejenigen Stellen in einer Klausur, die nicht völlig ohne Probleme zu subsumieren sind. Dort müssen Sie innehalten und dem Korrektor Ihre **Nachdenklichkeit vermitteln**. Wichtig ist für Sie, diese Problemzonen zu erkennen. Dabei helfen vertiefte Rechtskenntnisse, aber auch Erfahrung. Beide Aspekte sollten Sie bei Ihren Vorbereitungen beachten. Zu den **vertieften Rechtskenntnissen im Sachenrecht** gehören zahlreiche Standardprobleme. Sie sind in guten Lehrbüchern besprochen und insbesondere bei *Gursky/Thöne,* 20 Probleme aus dem BGB: Sachenrecht ohne Eigentümer-Besitzer-Verhältnis, und: Das Eigentümer-Besitzer-Verhältnis, umfänglich dargestellt (diese sind leider inzwischen vergriffen). Diese Streitstände müssen Sie kennen. Sie sind natürlich auch hier enthalten. Jedoch werden Sie in einer Examensklausur kaum je eine Konzentration auf ein oder zwei Probleme finden, die es erforderlich machen würde, sich umfänglich mit einer speziellen Rechtsfrage auseinander zu setzen. Vielmehr ist die reale Argumentationstiefe angesichts der Vielzahl der Probleme und des Umfangs einer Klausur stark begrenzt. Dieser Realität trägt dieses Skript Rechnung.

Nicht überflüssig erscheint mir auch der Hinweis, dass es nicht darauf ankommt, dass Sie in der Aufsichtsarbeit einen Streitstand möglichst vollständig referieren. **Die Klausur ist kein Lehrbuch**. Ihre Ausführungen sollen dem Korrektor zeigen, dass Sie die Problematik **in der Sonderkonstellation der jeweiligen Klausur** verstanden haben. Sie erfüllen daher bereits dann die Anforderungen, wenn Sie eine Problematik erkennen und um Verständnis für die von Ihnen für richtig gehaltene Lösung werben.

Zur Unterstützung Ihres Gedächtnisses habe ich mich bemüht, Ihnen Stichwörter an die Hand zu geben. Versuchen Sie, Ihr Gedächtnis zu entlasten, indem Sie die Problemlage verstehen und sie in der Klausur mit Hilfe dieser **Merkwörter** jeweils neu rekonstruieren. **Man kann nicht alles auswendig lernen!** Sie müssen für sich ein System finden, die Stofffülle zu bewältigen; das konsequente Lernen mit Stichwörtern ist eine Möglichkeit. Bitte vergessen Sie darüber hinaus nicht, dass auch die Aufsichtsarbeit im Sachenrecht Sie mit Problemlagen konfrontieren wird, die Sie nicht kennen. Auch dieser Fall ist hier berücksichtigt: Die Streitstände sind so ausgewählt, dass Sie aus allen Bereichen des Sachenrechts typische Argumentationsmuster finden. Ihre Aufgabe in der Überraschungsklausur ist es regelmäßig, **bekannte Diskussionsmuster auf unbekannte Probleme zu übertragen**.

Meine Darstellung der Streitstände verfolgt das **Ziel**, zuverlässig über sachenrechtliche Problemlagen zu berichten. Das Skript dient nicht der Verbreitung meiner eigenen Rechtsüberzeugungen, vielmehr habe ich die Diskussion in Rechtsprechung und Schrifttum ausgewertet und präzise wiederzugeben versucht. Die angegebene Literatur dient dem Einstieg in eine vertiefte Auseinandersetzung mit der Materie und soll Ihnen insbesondere bei Hausarbeiten den Zugriff auf die wissenschaftliche Auseinandersetzung erleichtern. Die Grüneberg (früher: Palandt)-Hinweise rechts oben sollen dem Referendar die Vorbereitung erleichtern.

Sie werden hier die examensrelevanten Probleme in einem Umfang aufbereitet finden, der für eine sehr gute Argumentation in einer Klausur allenfalls erwartet wird. Sie können den Stoff in **komprimierter Form** wiederholen und Ihre Kenntnisse festigen. Es war dafür erforderlich, die Darstellung **straff und knapp** zu gestalten. Wann und wo darunter die Verständlichkeit gelitten hat, weil ich mich unklar oder gar fehlerhaft ausgedrückt habe, lassen Sie mich bitte wissen. Ich bin sehr daran interessiert, auf Defizite und Verbesserungsmöglichkeiten aufmerksam zu werden. Sie erreichen mich per E-Mail unter

diehn@notariat-bergstrasse.de.

Hamburg, im Juli 2025 Thomas Diehn

Inhalt

Das Eigentümer-Besitzer-Verhältnis

Das Eigentümer-Besitzer-Verhältnis ist ein gesetzliches Schuldverhältnis zwischen Eigentümer und ***unrechtmäßigem*** Sachbesitzer. Es privilegiert den redlich-unverklagten Besitzer gegenüber allgemeinen Vorschriften des Delikts- und Bereicherungsrechts, § 993 I, HS 2 BGB. Da die Privilegierung unter teleologischen Gesichtspunkten nicht immer überzeugen kann, war und ist innerhalb des EBV **sehr viel umstritten**, insbesondere bezüglich Konkurrenzfragen. Deshalb ist es in einer Klausur in diesem Bereich besonders wichtig, auch die anerkannten, unstreitigen Aspekte hervorzuheben. Es muss genau herausgearbeitet werden, wo genau der jeweilige Streitstand verankert ist und wie weit er reicht. Dabei geht es wie immer nicht darum, auswendig gelernte Meinungen darzustellen, sondern die verschiedenen Sichtweisen aus dem Gesetz abzuleiten und zu erörtern. Es folgen:

Seite

1 Herausgabeanspruch gemäß § 985 BGB gegen den mittelbaren Besitzer

G
§ 985
Rn 9

Der unrechtmäßige mittelbare Besitzer ist nach allgemeiner Auffassung gemäß § 985 BGB jedenfalls zur Übertragung seines mittelbaren Besitzes *durch Abtretung* des zugrundeliegenden Herausgabeanspruchs i.S.v. § 870 BGB verpflichtet. Umstritten ist hingegen, ob vom

Streitstand ⇨ **mittelbaren Besitzer auch die Herausgabe der Sache selbst aus § 985 BGB verlangt werden kann.**

a) Theorie von der Abtretung mittelbaren Besitzes

Vereinzelt wird die Auffassung vertreten, vom mittelbaren Besitzer könne gemäß § 985 BGB ***nur*** Übertragung des mittelbaren Besitzes verlangt werden.

Argumente:

- Der Vindikationsanspruch ist immer nur auf ***Auskehr*** desjenigen Besitzes gerichtet, den der Anspruchsgegner innehat. Als dinglicher Anspruch wird er dadurch erfüllt, dass der Anspruchsgegner die Position aufgibt, durch die er das dingliche Recht beeinträchtigt. (Stichwort: ***Beendigung der Beeinträchtigung***)
- § 985 BGB statuiert ***keine Rückschaffungspflicht*** des unmittelbaren Besitzes für den mittelbaren Besitzer.

b) Herausgabetheorie

Nach ganz überwiegender Auffassung ist der mittelbare Besitzer aus § 985 BGB auch zur ***Herausgabe der Sache selbst*** verpflichtet. Der Eigentümer könne dann sowohl nach §§ 883, 885 ZPO die Herausgabevollstreckung betreiben, als auch – bei fortbestehendem mittelbaren Besitz – sich nach § 886 ZPO den Herausgabe*anspruch* des mittelbaren Besitzers zur Einziehung überweisen lassen.

Argumente:

- Nach der Gegenansicht muss der Eigentümer unter Umständen ***zweimal klagen***, nämlich wenn der mittelbare Besitzer nach Verurteilung zur Abtretung des Herausgabeanspruchs aus dem Besitzmittlungsverhältnis die Sache von seinem bisherigen Besitzmittler zurückerhält. (Stichwort: ***Vermeidung von Mehrfachprozessen***)
- Häufig kennt der Eigentümer – anders als der mittelbare Besitzer – den unmittelbaren Besitzer gar nicht. (Stichwort: ***Unkenntnis vom unmittelbaren Besitzer***) Deshalb muss er die Möglichkeit haben, sich an den mittelbaren Besitzer zu halten und von diesem die Herausgabe der Sache zu verlangen.

Hinweise

Innerhalb der Herausgabetheorie ist umstritten,

Streitstand ⇨ **unter** welchen Voraussetzungen **der Eigentümer eine Verurteilung des bloß mittelbaren Besitzers mit dem Inhalt erreichen kann, ihm den** unmittelbaren **Besitz gemäß § 985 BGB zu verschaffen.**

- Vor der Schuldrechtsreform wurde überwiegend eine Verurteilung zur Herausgabe der Sache nur dann für zulässig erachtet, wenn sich der mittelbare Besitzer den unmittelbaren Sachbesitz ***ohne weiteres wieder verschaffen*** kann *oder* wenn er sein auf der Weggabe der Sache an den Besitzmittler beruhendes Unvermögen zur Rückgabe an den Eigentümer ***nach §§ 989 ff. BGB zu vertreten*** hat. Dadurch sollte sichergestellt werden, dass das Haftungsprivileg aus § 993 I, HS 2 BGB nicht leer läuft: Dem mittelbaren Besitzer drohte nämlich nach Verurteilung zur Herausgabe gemäß § 283 I 2 BGB a.F. ein *verschuldens**un**abhängiger Schadenersatzanspruch.* Ihm wurde nämlich der Einwand, sein Unvermögen zur Rückgabe nicht i.S.v. §§ 989 f. BGB zu vertreten gehabt zu haben, gemäß § 283 I 3 BGB a.F. („unmöglich *wird*") abgeschnitten. Dies soll auch nach der Schuldrechtsreform gelten, weil § 283 BGB a.F. in § 281 BGB n.F. aufgegangen sei. Dagegen spricht, dass ***anders als früher*** nach Verurteilung des Schuldners ***kein verschuldensunabhängiger Schadensersatzanspruch mehr*** droht: Der mittelbare Besitzer kann gemäß § 280 I 2 BGB auch bezüglich der Umstände vor Rechtskraft des Urteils einwenden, dass er diese nicht i.S.v. §§ 989 f. BGB zu vertreten hatte. Aus der Verurteilung des mittelbaren Besitzers, unmittelbaren Besitz zu verschaffen, ergibt sich daher kein Umgehungsrisiko für die Privilegierung des redlichen Besitzers mehr.
- Die **Gegenauffassung** hielt schon immer für richtig, dass der Eigentümer gegen den unrechtmäßigen mittelbaren Besitzer ***ohne weiteres*** eine Verurteilung zur „Herausgabe" der Sache erreichen könne. „Herausgabe" bedeute aber nicht „Verschaffung unmittelbaren Besitzes", sondern „Abgabe desjenigen Besitzes, den der Beklagte hat, sei es mittelbarer oder unmittelbarer". (Stichwort: ***paralleler Vollstreckungsinhalt***) Die Gefahr einer möglichen ***Umgehung des Haftungsprivilegs*** des redlich-unverklagten Besitzers ***bestehe gar nicht erst***, weil der zur Verschaffung des unmittelbaren Besitzes nicht fähige mittelbare Besitzer der Verurteilung zur Herausgabe auch durch Abtretung des mittelbaren Besitzes nachkommen könne. (Stichwort: ***wahlweise Erfüllung***)

Literatur

Wilhelm, Sachenrecht (6. Auflage), Rn. 1214 ff.

2 Geldvindikation gemäß § 985 BGB

G
§ 985
Rn 8

Gegenstand des Herausgabeanspruchs aus § 985 BGB sind *individuell bestimmte Sachen*. Sachgesamtheiten kommen nicht in Betracht, weil der sachenrechtliche Bestimmtheitsgrundsatz entgegensteht. Umstritten ist jedoch,

Streitstand ⇨ **ob das Individualisierungserfordernis auch für die Geldvindikation gilt.**

a) Theorie der Geldwertvindikation

Teilweise wird die Geldvindikation nicht als Sachvindikation, sondern als ***Wertvindikation*** behandelt. Nach § 985 BGB sei nicht ein bestimmtes Geldzeichen herauszugeben, sondern der ***entsprechende Geldbetrag.*** Der dingliche Wertanspruch bestehe fort, solange sich der Geldwert noch ***erkennbar*** im Vermögen des Vindikationsschuldners befinde.

Argumente:

- Beim Geld ist ***nicht die Sachsubstanz, sondern dessen Funktion*** wesentlich. Deshalb kommt es bei § 985 BGB auf seine Verkörperung als Sache nicht an, sondern auf den verkörperten Wert. (Stichwort: ***funktionale Betrachtung***)
- Die Behandlung von Geldscheinen und -münzen als Sachen i.S.v. § 90 BGB hat zur Folge, dass der ***Geld- gegenüber dem Sacheigentümer benachteiligt*** wird. Denn der Geldherausgabeanspruch nach § 985 BGB entfällt wegen § 948 BGB oder § 935 II BGB besonders häufig. Die schuldrechtlichen Rechtsfortwirkungsansprüche aus §§ 951, 812 BGB oder § 816 BGB sind aber schwach; sie gewähren auch in der Insolvenz des Schuldners kein Aussonderungsrecht gemäß § 47 InsO. Im Interesse des ***Schutzes des Geldeigentümers*** ist daher die Geldwertvindikation zuzulassen.

b) Theorie der Sachvindikation

Ganz überwiegend wird die Geldvindikation nach allgemeinen Regeln auf individualisierbare Münzen und Geldscheine beschränkt. (***Sachvindikation***)

Argumente:

- Das BGB behandelt Bargeld (Geldscheine und -münzen), etwa in ***§ 935 II BGB***, als bewegliche Sache. Es gibt daher ***kein Sonderrecht für Geld***. Mit dem sachenrechtlichen Bestimmtheitsgrundsatz ist die Wertvindikation unvereinbar. (Stichwort: ***Bestimmtheitsgrundsatz***)
- Die Geldwertvindikation widerspricht § 48 InsO, denn die ***Aussonderung von Surrogaten*** soll nur ***ausnahmsweise*** zulässig sein. Eine allgemeine Geldwertvindikation würde den Geldeigentümer daher auf Kosten übriger Insolvenzgläubiger unangemessen bevorzugen. (Stichwort: ***Wertungseinklang mit Insolvenzrecht***)

3 Ausschluss des Herausgabeanspruchs aus § 985 BGB durch § 241a BGB

G
§ 241a
Rn 7

Infolge Zusendung unbestellter Waren kommt ein Vertrag nur zustande, wenn der Verbraucher den Kaufpreis zahlt oder ausdrücklich die Annahme erklärt, § 241a I BGB. Ohne Vertragsschluss sind *e contrario* § 241a II BGB auch gesetzliche Ansprüche des Unternehmers gegen den Verbraucher ausgeschlossen. Umstritten ist,

Streitstand ⇨ **ob dies sogar für den Herausgabeanspruch gemäß § 985 BGB gilt.**

a) Weite Ausschlusstheorie

Teilweise wird vertreten, dass § 241a I, II BGB ***auch den Vindikationsanspruch*** des Eigentümers aus § 985 BGB ausschließe.

Argumente:

- Der Wortlaut des Gesetzes in § 241a I, II BGB erfasst ***alle und jedwede*** gesetzlichen Ansprüche, ohne § 985 BGB auszunehmen.
- Der Gesetzgeber hat bewusst entschieden, dass, wer als Verbraucher Waren unaufgefordert zum Zwecke der Vertragsanbahnung zugesandt bekommt, diese entschädigungslos behalten und nutzen darf. (Stichwort: ***Wille des Gesetzgebers***)
- Der umfassende Ausschluss gesetzlicher Ansprüche soll den Verbraucher auch von der Last befreien, mit dem Unternehmer einen Abholtermin zu vereinbaren und diesen einzuhalten. (Stichwort: ***Last des Abholtermins***)
- Das dauerhafte ***Auseinanderfallen von Eigentum und Besitz*** ist keine Singularität im BGB; es tritt etwa auch infolge Verjährung (§ 197 I Nr. 2 BGB) ein.

b) Theorie der teleologischen Reduktion von § 241a II BGB

Teilweise wird vertreten, dass § 241a I, II BGB im Wege teleologischer Reduktion ***nicht auf den Vindikationsanspruch*** anzuwenden sei.

Argumente:

- Das Gesetz strebt einen ***Gleichlauf von Eigentum und Besitz*** an. Das zeigt etwa § 216 I, II 1 BGB für die Fälle der Verjährung bei gesicherten Ansprüchen. Auch der dauerhaft einredeberechtigte Besitzer kann einen Verzichts- oder ähnlichen Gegenanspruch gegenüber dem einredebehafteten Recht nach §§ 1169, 1254 BGB analog geltend machen. Deshalb kommt ein umfassender Anspruchsausschluss durch § 241a I, II BGB nicht in Betracht. (Stichwort: ***Gleichlauf Eigentum und Besitz***)
- Nach Sinn und Zweck von § 241a BGB soll der Verbraucher nur befreit werden vom ***lästigen Aufbewahren*** der Sache und der Pflicht zu pfleglichem Umgang. Objektiv ist aber nicht gewollt, dem Verbraucher dauerhaft den Sachwert der unbestellten Ware zukommen zu lassen. (Stichwort: ***keine Sachwertzuwendung***)

- Der Ausschluss des Vindikationsanspruchs des Eigentümers wäre auch ein ***unverhältnismäßiger Eingriff*** in das Eigentumsrecht des Unternehmers aus Art. 14 I GG.
- Der ***Vindikationsanspruch verwirklicht den Normzweck*** von § 241a BGB, indem der Verbraucher gerade wieder von der ihm aufgedrängten Ware befreit wird. (Stichwort: ***985 befreit***)

Hinweis

War der zusendende **Unternehmer selbst Nichtberechtigter** (typischerweise als Vorbehaltskäufer), ist umstritten, ob auch der Anspruch des Eigentümers (nämlich des Lieferanten/Vorbehaltsverkäufers) von § 241a BGB ausgeschlossen wird.

- Dafür spricht der ***Wortlaut*** von § 241a I BGB, nach dem Ansprüche gegen „diesen" – nämlich den Verbraucher – nicht begründet werden sollen.
- Dagegen wird vorgetragen, dass der ***Eigentumsvorbehalt*** unbeteiligter Dritter durch § 241a BGB ***nicht entwertet*** werden dürfe. Dagegen richtet sich der Hinweis, dass der Eigentumsvorbehalt für den Verbraucher ***nicht erkennbar*** sei. Er sei daher schutzwürdiger. Allerdings wird eingewandt, bei § 241a BGB handele es sich um eine ***wettbewerbsrechtliche Vorschrift*** im Gewande des Zivilrechts. Seine Rechtsfolgen seien daher auf unlauter handelnde Unternehmer zu beschränken; sie dürfen nicht auf den keinen Wettbewerbsverstoß begehenden Vorbehaltsverkäufer erstreckt werden.

Literatur

Schwarz, NJW 2001, 1449

4 Anwendbarkeit von § 285 BGB auf § 985 BGB

G § 285 Rn 4

Bei unwirksamer Veräußerung einer Sache durch einen Dritten wäre der Veräußerungserlös *stellvertretendes commodum* gemäß §§ 285, 985 BGB. Ob

Streitstand ⇨ **der schuldrechtliche Surrogationsanspruch aus § 285 BGB auf den Vindikationsanspruch nach § 985 BGB anwendbar ist, ist umstritten.**

a) Surrogationstheorie

Vereinzelt wird die Anwendbarkeit von § 285 BGB auf den Herausgabeanspruch aus § 985 BGB ***befürwortet***.

Argumente:

- § 285 BGB enthält das allgemeine Prinzip, dass für das Leistungsobjekt erlangte Ersatzgegenstände dem Gläubiger zustehen. (Stichwort: ***allgemeines Surrogationsprinzip in 285***)
- Wie die §§ 989, 990 BGB zeigen, kann sich auch § 985 BGB in Form von Schadenersatz- und anderen Ansprüchen fortsetzen. (Stichwort: ***Umwandlungsfähigkeit von 985***)

b) Theorie der Unanwendbarkeit von § 285 BGB

Ganz überwiegend wird § 285 BGB für ***unanwendbar*** auf den dinglichen Herausgabeanspruch nach § 985 BGB gehalten.

Argumente:

- Die §§ 987ff. BGB regeln abschließend und speziell die Folgen der Nichtherausgabe der Sache. (Stichwort: ***987 ff. als leges speciales***)
- Bei unwirksamer Veräußerung einer Sache durch einen Dritten kann der Eigentümer den Erlös gemäß § 816 I 1 BGB ***nur nach Genehmigung der Verfügung*** gemäß § 185 II 1 BGB erlangen. Ihm ohne den Preis, sein Eigentum zu verlieren, das *stellvertretende commodum* gemäß §§ 985, 285 BGB zuzusprechen, ist mit der Wertung von § 816 I 1 BGB unvereinbar. (Stichwort: ***Wertung des § 816 I 1 BGB: keine Doppelbefriedigung des Eigentümers***)
- Nach § 285 BGB könnte ohnehin nur das ***Surrogat des Leistungsgegenstandes von § 985 BGB, nämlich des Besitzes***, heraus verlangt werden. Der Veräußerungserlös aber ist Eigentumssurrogat. (Stichwort: ***285 zielt auf Eigentumssurrogat***)

- Die Anwendung von § 285 BGB auf das Eigentümer-Besitzer-Verhältnis würde die ***Opfergrenze überschreiten***, indem der Veräußerer doppelt in Anspruch genommen werden würde: Im Verhältnis zum Erwerber unterläge er der Rechtsmängel- oder Unmöglichkeitshaftung, dem Eigentümer müsste er den Veräußerungserlös herausgeben. (Stichwort: ***keine doppelte Inanspruchnahme des ehemaligen Besitzers***)

Hinweis

Ob die Theorie der Unanwendbarkeit auch im Falle des **zufälligen Untergangs** der Sache beim Besitzer überzeugen kann, wird bezweifelt: Die dem E gestohlene und von A gekaufte Sache geht zufällig bei diesem unter. Die Versicherung des A zahlt. Für diesen Fall bestehe eine ***Regelungslücke***: Denn § 816 I 1 BGB greife mangels Verfügung nicht ein, und auch der Eigentümer könne seinen Anspruch aus § 985 BGB nicht mehr verfolgen. Deshalb habe der Eigentümer einen Anspruch auf das Surrogat analog § 285 BGB, weil das untergegangene Eigentum als dingliches Recht seinem Vermögen sogar näher stand als jeder schuldrechtliche Anspruch.

Literatur

Merle, AcP 183 (1983), 81, 84 ff.

5 §§ 987ff. BGB beim Nicht-mehr-Berechtigten

G
Vor 987
Rn 10

Wenn ein zunächst bestehendes Besitzrecht mit Wirkung ex nunc entfällt und dadurch eine Vindikationslage entsteht, wird weitgehend anerkannt, dass § 985 BGB neben vertraglichen Herausgabeansprüchen Anwendung findet. Ob das

Streitstand ⇨ **auch für die §§ 987ff. BGB gilt, ist umstritten.**

a) Vertragliche Vorrangtheorie

Teilweise wird die Anwendung der §§ 987ff. BGB auf den Besitzer, dessen Besitzrecht abgelaufen ist, abgelehnt.

Argumente:

- Die §§ 990 I, 991 II und 992 BGB zeigen, dass die §§ 987 ff. BGB insgesamt ausschließlich ***für von Anfang an unberechtigte Besitzer*** vorgesehen sind. (Stichworte: ***990 I, 991 II, 992***)
- Wegen der Abwicklungsregeln der Sonderverbindungen besteht ***kein praktisches Bedürfnis*** für eine (***verwirrende***) Anspruchskonkurrenz.
- Die Vertragsgerechtigkeit des schuldrechtlichen Abwicklungsverhältnisses darf durch die §§ 987 ff. BGB nicht gestört werden. (Stichwort: ***Vertragsgerechtigkeit im Abwicklungsverhältnis***)

b) Theorie der parallelen Anwendbarkeit

Rechtsprechung und überwiegendes Schrifttum halten die §§ 987 ff. BGB auf den Besitzer, dessen Besitzrecht abgelaufen ist, ***neben*** dem vertraglichen Rückabwicklungsverhältnis für ***anwendbar***.

Argumente:

- So wie der Nicht-mehr-Berechtigte dem Vindikationsanspruch aus § 985 BGB ausgesetzt ist, treffen ihn die Nebenfolgen der Vindikation gemäß §§ 987 ff. BGB. (Stichwort: ***Vindikationslage entscheidet***)
- Der Eigentümer darf die teilweise haftungsschärfenden Ansprüche aus §§ 987 ff. BGB nicht allein deshalb verlieren, weil der nichtberechtigte Besitzer ohne Gegenwartsbezug früher einmal berechtigt war. (Stichwort: ***keine Haftungsverkürzung <u>kraft</u> vergangenen Besitzrechts***)

Hinweise

- Anerkannt ist, dass das EBV beim nicht-mehr-berechtigten Besitzer weder deliktische oder bereicherungsrechtliche Ansprüche verdrängt, noch vertragliche Abwicklungsverhältnisse stören kann. Die ***Rechtsstellung des Eigentümers soll durch die §§ 987 ff. BGB ausschließlich verbessert*** werden.

- Beim Nicht-mehr-Berechtigten geht es um einen Grenzfall der Vindikationslage, bei dem die ***Nichtanwendung der §§ 987 ff. BGB rechtfertigungsbedürftig*** ist. Bei anderen Grenzfällen liegt der Diskussionsschwerpunkt genau ***umgekehrt***:
  - Beim **Nicht-so-Berechtigten** überschreitet der berechtigte Fremdbesitzer den Rahmen seines Besitzrechts: Die §§ 987 ff. BGB finden nach überwiegender Auffassung ***keine Anwendung***. Dafür spreche, dass der Exzess des Besitzers dessen Besitzberechtigung als solche nicht berührt. Hinzu komme, dass die §§ 987 ff. BGB selbst beim unrechtmäßigen Fremdbesitzer nicht recht passen und korrekturbedürftig sind (*s.u.* **STREITSTÄNDE 21** und **27**).
  - Der **Noch-Berechtigte** besitzt rechtmäßig aufgrund eines Vertrages, der dem Eigentümer jederzeit gestattet, den Besitz herauszuverlangen. Nach überwiegender Auffassung führt auch das „***latente Besitzrecht***" zum ***Ausschluss der §§ 987 ff. BGB*** mangels Vindikationslage. Nach der Rechtsprechung sind Entleiher und Verwahrer hingegen dem unrechtmäßigen Besitzer gleichzustellen. Wer jederzeit damit rechnen müsse, seinen Besitz herauszugeben, stehe nicht anders, als ein verklagter Besitzer.
  - Wenn § 241a BGB nicht gilt, weil etwa ein Unternehmer einem anderen *Unternehmer* unbestellt Waren zusendet, kommt eine Haftung des Empfängers der Waren als **Noch-nicht-Berechtigter** gemäß §§ 989, 990 BGB in Betracht. Das wird teilweise verneint, weil dem Empfänger während der ihm eingeräumten Überlegungszeit ein ***vorläufiges Besitzrecht*** zustehe. Die Rechtsprechung erkennt ein solches Besitzrecht nicht an und ***bejaht*** demzufolge eine ***Vindikationslage***. Auch sei der Empfänger bösgläubig, weil er wisse, dass ihm mangels Vertrags kein Besitzrecht zustehe. Allgemein anerkannt ist hingegen, dass die Haftung des Empfängers unbestellter Waren für ***fahrlässige Beschädigungen auszuschließen*** ist. Überwiegend wird dafür auf § 300 I BGB hingewiesen, teilweise auf § 690 BGB und teilweise auf § 254 I BGB.
  - Zum EBV bei der **Umwandlung von berechtigtem Fremdbesitz in unrechtmäßigen Eigenbesitz** siehe unten **STREITSTAND 6**.

Literatur

BGHZ 34, 122

6 Wechsel der „Besitzfarbe“ als Besitzerwerb

G Vor 987 Rn 11

Die Haftung des Besitzers, der seine Besitzfarbe wechselt, indem er *seinen berechtigten Fremdbesitz in unrechtmäßigen Eigenbesitz umwandelt*, muss differenziert betrachtet werden. (1) Wenn der bisherige Fremdbesitzer trotz Begründung von Eigenbesitz zum Besitz berechtigt bleibt, finden die §§ 987 ff. BGB keine Anwendung. (2) Derjenige frühere Fremdbesitzer, der bei Begründung unrechtmäßigen Eigenbesitzes seine Nichtberechtigung positiv kennt, haftet bereits nach § 990 I 2 BGB verschärft. (3) *Verkennt der Besitzer aber nur grob fahrlässig*, dass er nicht Eigentümer der Sache ist, wird die Streifrage relevant,

Streitstand ⇨ **ob im Wechsel vom berechtigten Fremdbesitz zum unrechtmäßigen Eigenbesitz ein haftungsverschärfender Besitzerwerb i.S.v. § 990 I 1 BGB liegt.**

a) Theorie von der Umwandlung als Besitzerwerb

Insbesondere die Rechtsprechung erkennt auch in der Umwandlung von Fremd- in Eigenbesitz einen ***Besitzerwerb*** i.S.v. § 990 I 1 BGB.

Argumente:

- Fremd- und Eigenbesitz sind so ***wesensverschieden***, dass sie in § 990 I BGB nicht gleichgesetzt werden können. Die Umwandlung von Fremd- in Eigenbesitz ist daher Besitzerwerb.
- In § 990 I **2** BGB ist nur positive Kenntnis vom fehlenden Besitzrecht haftungsschärfend, weil bei ***unverändertem Fortbestehen*** des Besitzes vom Besitzer ***keine Nachforschungen über sein Besitzrecht*** erwartet werden. Immer, wenn Gedanken über die Rechtmäßigkeit des Besitzes angezeigt sind, ist § 990 I **1** BGB einschlägig. Das ist aber der Fall, wenn das Vertrauen auf den ursprünglichen Rechtsgrund des Besitzerwerbs nicht mehr trägt, weil die Besitzfarbe gewechselt wurde. (Stichwort: ***990 I 1 bei fraglicher Besitzberechtigung***)

b) Theorie der Erstbegründung als Besitzerwerb

Nach überwiegendem Verständnis liegt ***nur in der erstmaligen Erlangung*** der tatsächlichen Sachherrschaft ein Besitzerwerb i.S.v. § 990 I 1 BGB.

Argumente:

- Eigen- und Fremdbesitz sind nur ***Ausprägungen ein und derselben Sachherrschaft***. Sie sind daher **nicht** wesensverschieden. (Stichwort: ***„Besitz ist Besitz“***)
- Der Besitzerwerb in § 990 I 1 BGB kann ***nicht anders als in § 854 I BGB*** ausgelegt werden. Danach ist nur die erstmalige Erlangung der Sachherrschaft Besitzerwerb. (Stichwort: ***einheitliches Besitzverständnis im BGB***)

Hinweis

Die Problematik ergibt sich – wenn man die Lehre vom Nicht-so-Berechtigten mit der ganz überwiegenden Auffassung ablehnt – nur **selten**, weil häufig das Besitzrecht ***nicht endet***, wenn sich der berechtigte Fremdbesitzer zum Eigenbesitzer aufschwingt. Beispiele, in denen ein Erbe grob fahrlässig nicht erkennt, dass sein Erblasser nur Entleiher statt Eigentümer der Sache war, sind deshalb unpassend. Anders liegt es etwa beim Wechsel von berechtigter Fremd- zu unberechtigte Eigengeschäftsführung; dort endet das Besitzrecht im Moment des Aufschwingens.

Literatur

Staudinger/*Thole* (2019), § 990 Rn. 40 f.

7 Nutzungsersatz bei doppelnichtigen Veräußerungsgeschäften

G
§ 988
Rn 6 ff

Doppelnichtige Veräußerungsgeschäfte leiden sowohl an einem Mangel des Kausalgeschäfts als auch der dinglichen Einigung. Während bei bloß kausalnichtigen Veräußerungsgeschäften bis zur Rückabwicklung des Geschäfts Nutzungsersatz nach §§ 812 I 1, Fall 1, 818 I BGB geschuldet wird, ergibt sich beim Doppelmangel eine **Privilegierung** des redlich-unverklagten Besitzers aus § 993 I, HS 2 BGB. Diese Konsequenz wird jedoch nur noch vereinzelt für richtig gehalten (Stichwort: ***abschließende Regelung der §§ 987 ff. BGB***): Wenn der gutgläubige rechtsgrundlose Erwerber die Sache schon nicht behalten könne (§ 985 BGB), sollen ihm wenigsten die Nutzungen verbleiben (Stichwort: ***Minimalform des redlichen Erwerbs***). Ganz überwiegend wird darin jedoch ein Wertungswiderspruch gesehen, weil der „doppelnichtige Erwerber" *kraft schwächeren Rechts nicht besser* stehen könne als der bloß „kausalnichtige Erwerber". Umstritten ist,

Streitstand ⇨ **wie die Privilegierung des Erwerbers bei doppelnichtigen Veräußerungsgeschäften vermieden werden kann.**

a) Theorie der extensiven Auslegung von § 988 BGB

Insbesondere die Rechtsprechung hält grundsätzlich am Vorrang des EBV fest, ***stellt aber den rechtsgrundlosen Erwerb einem unentgeltlichen i.S.v. § 988 BGB gleich***.

Argumente:

- Die Einschränkung der Privilegierung des § 993 I, HS 2 BGB hinsichtlich gezogener Nutzungen durch § 988 BGB liegt in der ***geringeren Schutzwürdigkeit unentgeltlicher Besitzerwerber*** begründet. Der rechtsgrundlose Besitzer befindet sich in derselben Situation: Ihm wurde ***keine Gegenleistung wirksam versprochen***.
- Durch Gleichstellung von rechtsgrundlosem mit unentgeltlichem Erwerb kann die ***ungerechtfertigte Besserstellung*** des Erwerbers bei doppelnichtigen Veräußerungsgeschäften im Vergleich zu bloß kausalnichtigen ***auf einfache und systemgerechte Weise verhindert*** werden.

b) Kondiktionslösung

Im Schrifttum wird vertreten, dass die §§ 987 ff. BGB ***keine abschließende Regelung*** für die Rückabwicklung fehlgeschlagener Vertragsverhältnisse enthalten. Für eine analoge Anwendung des § 988 BGB fehle es an einer Regelungslücke, weil die ***Leistungskondiktion einschlägig und anwendbar*** sei.

Argumente:

- Die Nutzungsherausgabe bei rechtsgrundlosem Erwerb wird in §§ 812 I 1, Fall 1, 818 I BGB speziell geregelt (Stichwort: ***812 ff. als leges speciales für Rückabwicklung***) und muss trotz Bestehens einer Vindikationslage möglich sein, weil das EBV für diesen Fall ***gar nicht konzipiert*** wurde, sondern nur für den fehlgeschlagenen redlichen Erwerb und für Dreipersonenverhältnisse. (Stichwort: ***EBV für andere Fälle konzipiert***)
- Der rechtsgrundlose Erwerb kann dem unentgeltlichen nicht gleichgestellt werden, wie ***§ 816 I 2 BGB*** verdeutlicht. Außerdem besteht auch ein ***normativer Unterschied***: Der rechtsgrundlose Besitzer trägt das Rückholrisiko für (trotz unwirksamen Kausalgeschäfts) erbrachte Gegenleistungen. Das ist beim unentgeltlichen Besitzer aber nicht der Fall. (Stichwort: ***Rückholrisiko für erbrachte Gegenleistung***)

Hinweise

- Sind Leistender und Eigentümer ***identisch***, wirkt sich diese Diskussion im Ergebnis nicht aus, weil gezogene Nutzungen nach beiden Auffassungen zu ersetzen sind. Anders **in 3-Personen-Verhältnissen**: Wird eine gestohlene Sache veräußert und ist der Kaufvertrag nichtig, gewährt die Rechtsprechung dem Eigentümer gegen den Erwerber einen Anspruch auf Nutzungsersatz aus § 988 BGB analog. Der Erwerber kann dabei seine Kaufpreiszahlung im Verhältnis zum Eigentümer ***nicht*** geltend machen. Nach der Kondiktionslösung kommt ein Anspruch des Eigentümers gemäß § 812 I 1, Fall 2 BGB in Betracht. Die Nichtleistungskondiktion scheitert aber, weil der Erwerber einwenden kann, den Besitz durch Leistung des Veräußerers erlangt zu haben. (Stichwort: ***Vorrang der Leistungskondiktion***) Für diese Lösung spricht, dass dem Erwerber seine ***Gegenrechte gegen den Veräußerer*** erhalten bleiben.
- Anerkannt ist, dass die §§ 812 ff. BGB anwendbar sind, wenn sich der Besitzer die **Sachsubstanz zu Eigen** macht, also die Unmöglichkeit der Herausgabe der Sache infolge Verbrauchs (§ 812 I 1, Fall 2 BGB) oder Veräußerung (§ 816 I 1 BGB) ausgeglichen werden soll: Hinsichtlich dieser ***Rechtsfortwirkungsansprüche*** enthalten die §§ 987 ff. BGB gar keine Regelung: Sie betreffen nur Schadenersatz- und Nutzungsherausgabeansprüche. Auch *a fortiori* § 993 I, HS 1 BGB: Wenn schon gezogene Übermaßfrüchte herauszugeben sind, dann erst recht Gewinne aus vollständigem Substanzverbrauch.

Literatur

Kohler, NJW 1988, 1054

8 Anwendung der §§ 823 ff. BGB neben §§ 987 ff. BGB

G
Vor 987
16 ff

Umstritten ist die Frage,

Streitstand ⇨ **ob das Deliktsrecht generell neben den §§ 987 ff. BGB auf Verletzungshandlungen des bösgläubigen (unrechtmäßigen) Besitzers anwendbar ist.**

a) Theorie der Parallelanwendung

Vereinzelt wird für bösgläubige oder verklagte unrechtmäßige Besitzer ein ***Anspruch aus §§ 823 ff. BGB*** auch bei Bestehen einer Vindikationslage gewährt.

Argumente:

- Nach Sinn und Zweck von § 993 I, HS 2 BGB soll nur der redliche Besitzer privilegiert werden. Wer bösgläubig oder verklagt ist, ist hingegen nicht schutzwürdig. (Stichwort: ***fehlende Schutzwürdigkeit bei Bösgläubigkeit / Rechtshängigkeit***)
- Erst recht muss § 823 I BGB für den bösgläubigen Besitzer auch deshalb gelten, weil schon der *gutgläubige* Fremdbesitzer beim Fremdbesitzerexzess nach Deliktsrecht haftet. (Stichwort: ***Vergleich mit Fremdbesitzerexzess***)

b) Theorie vom abschließenden EBV

Ganz überwiegend werden die §§ 823 ff. BGB ***nicht für anwendbar*** gehalten, weil die §§ 987 ff. BGB insoweit eine abschließende Regelung enthalten.

Argumente:

- Der Wortlaut von § 993 I, HS 2 BGB schließt eine über §§ 987 ff. BGB hinausgehende Haftung des bösgläubigen oder verklagten Besitzers aus. (Stichwort: ***Wortlaut 993 I, HS 2***)
- Die Wertung des § 990 II BGB, nach der Vorenthaltungsschäden nur eingeschränkt ersatzfähig sind, darf nicht durch eine generelle Anwendung von § 823 I BGB unterlaufen werden. (Stichwort: ***restriktiver Ersatz von Vorenthaltungsschäden***)
- Auch wäre eine generelle Zufallshaftung gemäß § 848 BGB bei Vorliegen einer Vindikationslage wertungswidersprüchlich, weil das Deliktsrecht gemäß § 992 BGB nur in besonderen Fällen anwendbar sein soll. (Stichwort: ***restriktive Zufallshaftung***)

Literatur

Müller, JuS 1983, 516 (519)

9 Redlichkeit beim Besitzerwerb durch Gehilfen

G
§ 990
Rn 6

§ 990 I 1 BGB regelt, unter welchen Voraussetzungen der Besitzer bösgläubig ist. Jedoch fehlt eine Zurechnungsregel für den Fall, dass der Besitzerwerb durch einen bösgläubigen Besitzdiener erfolgt, während der Besitzherr gutgläubig ist: *§ 278 BGB* scheidet jedenfalls – auch analog – *mangels Sonderverbindung* aus. *§ 166 BGB* betrifft direkt nur die Kenntnis bei der Abgabe von *Willenserklärungen*, *§ 831 BGB* regelt unmittelbar die *Haftung* des Geschäftsherrn für rechtswidrige unerlaubte Handlungen seines Verrichtungsgehilfen. Umstritten ist,

Streitstand ⇨ **wie Bösgläubigkeit von Hilfspersonen bei Besitzerwerb dem Besitzer zugerechnet werden kann.**

a) Lösung nach § 831 BGB analog

Teilweise wird auf § 831 BGB analog abgestellt, so dass dem Besitzherrn die ***Möglichkeit der Exkulpation*** verbleibt.

Argumente:

- Die §§ 989, 990 BGB sind ***Sonderregeln des Deliktsrechts***. § 831 BGB liegt als Grundlage für die Zurechnung der Bösgläubigkeit der Hilfsperson deshalb näher als § 166 BGB, weil es um ***Haftungsfragen*** geht und nicht um die rechtlichen Folgen einer Willenserklärung.
- Es ist unbillig, beim Deliktsbesitzer gemäß §§ 992, 831 I 2 BGB den Exkulpationsbeweis zuzulassen, beim bloß bösgläubig-verklagten Besitzer nach § 990 BGB hingegen nicht. (Stichwort: ***gestufte Haftungsintensität zwischen 990 und 992***)

b) Lösung nach § 166 I BGB analog

Überwiegend wird **§ 166 I BGB analog** angewendet, wenn die Hilfsperson bei Besitzerwerb eine dem Stellvertreter vergleichbar ***selbständige Stellung*** hatte.

Argumente:

- § 166 BGB ist nach neueren Erkenntnissen Grundlage eines allgemeinen zivilrechtlichen ***Zurechnungskonzepts der Wissensvertretung***.
- Die Rechtsfolge des § 166 BGB, nämlich die Zurechnung der Kenntnis eines anderen, passt genau zu dem in § 990 BGB fehlenden Teilstück. (Stichwort: ***„die Lücke schließen"***)
- Die §§ 989 f. BGB sind nicht deliktsähnlich, sondern ***besonderes Leistungsstörungsrecht*** wegen Vereitelung des Vindikationsanspruchs. Deshalb liegt § 166 BGB nahe; § 831 BGB passt hingegen nicht. (Stichwort: ***§ 166 BGB***)

c) Kontextbezogen differenzierende Lösung

Teilweise wird bei Besitzerwerb ohne rechtsgeschäftlichen Hintergrund § 831 BGB analog angewandt, andernfalls § 166 I BGB analog.

Argument:

- Innerhalb ***rechtsgeschäftlicher Beziehungen*** muss der Besitzer mit der Anwendung von ***§ 166 BGB*** rechnen. Das gilt auch für entsprechende Haftungsfragen. Ohne rechtsgeschäftlichen Hintergrund handelt es sich ***funktionell um Deliktsrecht***, so dass ***§ 831 BGB*** besser passt.

Hinweise

- Innerhalb der überwiegenden Auffassung (§ 166 BGB analog) ist die Beurteilung der Zurechnung umstritten, wenn die Hilfsperson nur eine **unselbständige Stellung** hatte. Teilweise wird dann eine Haftung des Besitzers verneint. Andere wenden auch in diesem Fall § 166 BGB analog an mit Hinweis auf den Stellvertreter mit gebundener Marschroute. Wieder andere befürworten, § 831 BGB analog heranzuziehen, denn die *unselbständige Stellung* des Besitzdieners entspreche dann der eines Verrichtungsgehilfen.
- Umstritten ist auch, wann **Mindorjährige** beim Erwerb unrechtmäßigen Besitzes ***bösgläubig*** sind.
    - Teilweise wird ***generell analog § 828 III BGB*** auf die für die Beurteilung der Besitzberechtigung erforderliche Einsichtsfähigkeit des Minderjährigen abgestellt. Dafür spreche, dass die Kenntnis bei § 990 BGB in engem Zusammenhang zur Verschuldenshaftung stehe. (Stichwort: ***Argumente entspr. 831-Theorie***)
    - Überwiegend wird aber zwischen deliktischem (dann § 828 III BGB analog) und rechtsgeschäftlichem Hintergrund differenziert: Bei der Rückabwicklung unwirksamer Verträge komme es allein auf die ***Kenntnis des gesetzlichen Vertreters, §§ 107 ff. BGB analog***, an. Dafür spreche der Schutzzweck der §§ 107 ff. BGB. Dabei handele es sich um ein ***Fundamentalprinzip*** unserer Rechtsordnung, das vor dem EBV Vorrang genieße.
- **Erben** rücken gemäß § 857 BGB auch hinsichtlich ihrer Redlichkeit in die Besitzposition des Erblassers ein. Umstritten ist, ob die dadurch vermittelte ***Bösgläubigkeit der Erben geheilt*** werden kann, wenn sie die tatsächliche Sachherrschaft gutgläubig ergreifen.
    - Dagegen spreche, dass auch ***§ 858 II, 2. Fall BGB*** keine Heilung durch Besitzergreifung zulässt.
    - Dafür wird auf ***§§ 2025 S. 2, 2027 II BGB*** hingewiesen.

Literatur

Staudinger/*Thole* (2019), § 990 Rn. 55 ff.

10 § 991 II BGB bei Fremdbesitzerexzess im 2-Personen-Verhältnis

G
§ 991
Rn 3

Beim Fremdbesitzerexzess überschreitet der unrechtmäßige Fremdbesitzer sein *vermeintliches* Besitzrecht. Solange im 2-Personen-Verhältnis (=Exzessbesitzer leitet sein vermeintliches Besitzrecht vom Eigentümer ab) der Besitzer redlich und unverklagt war, *scheint er nicht zu haften:* §§ 989, 990 BGB scheitern an der Gutgläubigkeit, § 991 II BGB gilt seinem Wortlaut nach nur für 3-Personen-Verhältnisse, und § 823 I BGB ist wegen § 993 I, HS 2 BGB nicht anwendbar. Der unrechtmäßige Fremdbesitzer würde besser stehen als der rechtmäßige, den mangels Sperrwirkung des EBV die deliktische Haftung für schuldhafte Eigentumsverletzungen treffen würde. Um diesen *Wertungswiderspruch* zu vermeiden, ist eine *teleologische Reduktion des § 993 I, HS 2 BGB anerkannt*: Die §§ 823 ff. BGB finden im Fall des Fremdbesitzerexzesses Anwendung. Umstritten ist hingegen,

Streitstand ⇨ **ob § 991 II BGB analog im 2-Personen-Verhältnis Anwendung finden kann.**

a) Theorie der analogen Anwendung von § 991 II BGB

Teilweise wird vertreten, der unrechtmäßige Fremdbesitzer, der dem Eigentümer selbst den Besitz mittelt, hafte diesem analog § 991 II BGB.

Argumente:

- § 991 II BGB enthält den ***allgemeinen Rechtsgedanken***, dass der redliche Fremdbesitzer dem Eigentümer haftet, wenn er für einen Schaden i.S.v. § 989 BGB auch dem mittelbarem Besitzer gegenüber verantwortlich ist. Die ***Zahl der Beteiligten, ob 2 oder 3, ist nebensächlich***.
- Der Rechtsgedanke des § 991 II BGB, dass zwischen Fremdbesitzer im Exzess und Eigentümer ein gesetzliches Schuldverhältnis besteht, nimmt der Benachteiligung des Eigentümers durch § 831 I 2 BGB ihre Rechtfertigung. Vielmehr findet ***§ 278 BGB*** Anwendung. (Stichwort: ***§ 278 BGB***)

b) Restriktive Lösung zu § 991 II BGB

Überwiegend wird die analoge Anwendung von § 991 II BGB ***abgelehnt***.

Argumente:

- Nach dem ***Wortlaut*** von § 991 II BGB wird ein 3-Personen-Verhältnis vorausgesetzt. (Stichwort: ***3-Personen***)
- Die Vorschrift geht insbesondere von einer (wirksamen, str.) ***vertraglichen Haftungsgrundlage*** zwischen Besitzer und mittelbarem Besitzer aus. Diese existiert im 2-Personen-Verhältnis gar nicht. (Stichwort: ***keine Vergleichbarkeit***)

Hinweise

- Der Fremdbesitzer haftet nach ganz überwiegender Auffassung sowohl bei §§ 823 ff. BGB als auch bei § 991 II BGB analog ***genau so, wie*** er auch bei Rechtmäßigkeit seines Besitzes gehaftet hätte. Das bedeutet vor allem, dass ihm Haftungsprivilegien (Stichworte: ***kurze Verjährung, modifizierter Haftungsmaßstab***) aus seinem vermeintlichen Recht zum Besitz zugute kommen.
- Innerhalb der Theorie der analogen Anwendung von § 991 II BGB werden die Fälle des Fremdbesitzerexzesses teilweise ganz dem EBV zugeordnet, so dass dessen Sperrwirkung gemäß § 993 I, HS 2 BGB die Anwendung der §§ 823 ff. BGB ausschließt.
- Hält der unrechtmäßige Fremdbesitzer seinen Besitzmittler **fälschlich** für den Eigentümer und **leistet entgegen § 991 II BGB** an ihn statt an den wahren Eigentümer, wird man bei *beweglichen* Sachen § 851 BGB analog anwenden können. Bei Grundstücken wäre an § 893 BGB analog zu denken, jedoch steht der mittelbare Besitzer nicht als Eigentümer im Grundbuch. Daran scheitert mangels dem Eigentümer zurechenbaren Rechtsscheins auch eine Gesamtanalogie zu den Gutglaubensvorschriften der §§ 851, 407 Fall 1 und 893 BGB, so dass der unrechtmäßige Fremdbesitzer eines *Grundstücks* dem Eigentümer verpflichtet bleibt.
- Hinsichtlich des Haftungsausschlusses im Dreiecksverhältnis bei gutgläubigem Oberbesitzer gemäß **§ 991 I BGB** wird eine **teleologische Reduktion** diskutiert: Die Vorschrift soll den Oberbesitzer vor Regressansprüchen des unredlichen Besitzmittlers schützen, die dadurch entstehen, dass Letzterer dem Eigentümer haftet. Die Beschränkung der Haftung des Besitzmittlers gegenüber dem Eigentümer sei daher nicht zu rechtfertigen, ***wenn keine Regressansprüche*** (etwa wegen §§ 536b oder 536c II BGB) des Besitzmittler ***gegen den Oberbesitzer*** bestehen können. Dagegen wird der Wortlaut von § 991 I 1 BGB angeführt und auf den entgegenstehenden Willen des historischen Gesetzgebers verwiesen.

Literatur

Baur/Stürner, Sachenrecht (2009), § 11 Rn. 32, 35, 48

11 § 991 II BGB und Zufallshaftung

G
§ 991
Rn 3

Nach § 991 II BGB haftet der für einen Dritten besitzende gutgläubige Fremdbesitzer dem Eigentümer für Verletzungshandlungen insoweit, wie er dem Dritten (= Oberbesitzer) gegenüber ersatzpflichtig wäre. Umstritten ist, ob eine

Streitstand ⇨ **zwischen dem Fremdbesitzer und dem Oberbesitzer vereinbarte oder infolge Verzugs eintretende Zufallshaftung (§ 287 S. 2 BGB) über § 991 II BGB auch zugunsten des Eigentümers greift.**

a) Theorie der Zufallshaftung

Teilweise wird auch die Zufallshaftung zwischen unmittelbarem Fremdbesitzer und Drittem über § 991 II BGB ***auf den Eigentümer übertragen***.

Argumente:

- § 991 II BGB nimmt mit „dem in § 989 BGB bezeichneten *Schaden*" ***anders als in § 990 BGB*** („so *haftet* er ... nach den §§ 987, 989") ***nicht das Verschuldensmoment*** in Bezug, sondern nur den Gegenstand der Ersatzpflicht. (Stichwort: ***verschiedenartige Verweisungen***)
- So, wie der Eigentümer nach § 991 II BGB die Nachteile haftungsbeschränkender Abreden zwischen Fremdbesitzer und Drittem tragen muss, stehen ihm die Vorteile haftungserweiternder Vereinbarungen zu. (***Korrespondenz von Vor- und Nachteilen***)

b) Theorie der eingeschränkten Privilegierungsübertragung

Überwiegend wird i.R.d. § 991 II BGB eine ***Verschuldenshaftung*** auch dann befürwortet, wenn der Fremdbesitzer dem Dritten für Zufall einzustehen hat.

Argumente:

- § 991 II BGB nimmt nur das allgemeine Haftungsprivileg für gutgläubige Fremdbesitzer teilweise zurück: Soweit der Fremdbesitzer weiß, dass er seinem Oberbesitzer gegenüber verantwortlich ist, gilt er als bösgläubig. (Stichwort: ***Funktion 991 II***) Die Verweisung auf § 989 BGB ist deshalb eine ***partielle Rechtsgrundverweisung***, von der *nur* das Merkmal der Rechtshängigkeit/Redlichkeit ausgenommen ist.
- Die Theorie der Zufallshaftung führt dazu, dass der gutgläubige unrechtmäßige Fremdbesitzer aufgrund von Umständen im Verhältnis zum Oberbesitzer dem Eigentümer gegenüber ***schlechter gestellt wäre als der bösgläubige*** Besitzer, der immer nur bei Verschulden haftet. (Stichwort: ***gutgläubig-bösgläubig-Vergleich***)

12 Verbotene Eigenmacht in § 992 BGB

G
§ 992
Rn 2

Gemäß § 992 BGB findet Deliktsrecht Anwendung, wenn der Besitzer sich den Besitz durch verbotene Eigenmacht verschafft hat. Verbotene Eigenmacht setzt aber kein Verschulden voraus, § 858 I BGB. Umstritten ist,

Streitstand ⇨ **ob es dabei auch in § 992 BGB sein Bewenden haben kann.**

a) Theorie vom Verschuldenserfordernis

Überwiegend wird einschränkend gefordert, dass der Besitzer *schuldhaft* verbotene Eigenmacht begangen haben müsse.

Argumente:

- Die Merkmale „verbotene Eigenmacht" und „strafbare Handlung" lösen *alternativ* die Haftungsverschärfung aus und müssen daher gleich ausgelegt werden. Da strafbare Handlungen immer Verschulden voraussetzen, kommt auch nur schuldhaft verbotene Eigenmacht in Betracht. (***Parallelauslegung***)
- § 992 BGB dient der Begrenzung des Privilegs der Haftungsfreiheit nach § 993 I, HS 2 BGB. Dieses ist bei ***ordnungsgemäßem Besitzerwerb*** zu gewähren. Deshalb ist § 992 BGB nur einschlägig, wenn sich der Besitzer bei Begehung der Eigenmacht wenigstens fahrlässig (= nicht ordnungsgemäß) für den Eigentümer hält. Fehlt es am Vertretenmüssen, darf § 993 I, HS 2 BGB nicht durch § 992 BGB begrenzt werden. (***Begrenzung 993 I, HS 2 durch 992 nur bei verschuldeter Eigenmacht***)

b) Restriktionsverneinende Theorie

Teilweise wird am Wortlaut des § 992 BGB festgehalten und jede – auch die schuldlos – begangene verbotene Eigenmacht zur Aufhebung der Sperrwirkung für das Deliktsrecht für geeignet gehalten.

Argumente:

- Die Gesetzesverfasser haben ***bewusst*** vom Verschuldenserfordernis bei verbotener Eigenmacht abgesehen. (***kein Redaktionsversehen***)
- § 992 BGB enthält eine Rechts*grund*verweisung, so dass sich das Verschuldenserfordernis aus dem Tatbestand der Deliktsnorm ergibt. ***Das Verschulden bei der späteren Eigentumsverletzung genügt***.

Hinweis

Unter den Vertretern der Verschuldenstheorie wird teilweise sogar eine Einschränkung auf ***vorsätzlich verbotene Eigenmacht*** befürwortet. Dafür spreche, dass fahrlässig begangene Straftaten i.R.v. § 992 BGB praktisch nicht vorkommen (§ 15 StGB).

13 Einwand der Entreicherung gegen § 988 BGB

G
§ 988
Rn 8

Der unentgeltliche Besitzer ist trotz Redlichkeit zur Nutzungsherausgabe gemäß § 988 BGB verpflichtet. Die Rechtsfolgenverweisung auf §§ 818 f., 822 BGB erlaubt dem Besitzer, sich gegenüber Nutzungsherausgabeverlangen auf den Einwand der Entreicherung zu stützen. Die Abzugsfähigkeit von Aufwendungen auf die herauszugebende Sache hängt nicht davon ab, ob sie Verwendungen i.S.v. §§ 994 ff. BGB sind. Umstritten ist

Streitstand ⇨ **der Umfang des Entreicherungseinwands.**

a) Theorie vom inneren Nutzungszusammenhang

Insbesondere die Rechtsprechung hält Aufwendungen des Besitzers auf die Sache gemäß § 818 III BGB ***generell*** für geeignet, den Anspruch auf Nutzungsersatz gemäß § 818 III BGB zu mindern.

Argument:

- Ob Aufwendungen auf die herauszugebende Sache Abzugsposten i.S.v. §§ 988, 818 III BGB sind, ergibt sich aus dem ***inneren Zusammenhang*** zwischen Nutzung und Verwendung. Dieser ist grundsätzlich gegeben (Stichwort: ***Vermutung***) und kann nur im Einzelfall widerlegt werden.

b) Theorie der Nutzungsermöglichung

Teilweise wird vertreten, dass Aufwendungen auf die herauszugebende Sache ***nur dann*** Abzugsposten i.S.v. § 818 III BGB seien, wenn sie als Maßnahmen zur Erhaltung oder Verbesserung der Sache die fragliche Nutzungsgewinnung ***überhaupt erst ermöglicht*** haben.

Argument:

- Nach § 988 BGB ist die Bereicherung herauszugeben, die auf der Nutzung ***beruht***. Als ***Abzug***sposten kommen deshalb auch nur solche Verwendungen in Betracht, die wirtschaftlich als ***Last des Nutzungserwerbs*** erscheinen. Allen übrigen Verwendungen auf die Sache fehlt der erforderliche innere Zusammenhang zur Nutzung.

Hinweis

Sind Aufwendungen bereits Bereicherungsminderungsposten i.S.v. § 818 III BGB, kommt es auf eine **Aufrechnung gegen den Nutzungsherausgabeanspruch** aus § 988 BGB mit etwaigen Verwendungsersatzansprüchen aus §§ 994 ff. BGB nicht mehr an. Letzteres würde auch erst möglich, wenn der Verwendungsersatzanspruch fällig wäre i.S.v. § 1001 S. 1 BGB.

14 Verwendungsbegriff i.R.v. §§ 994 ff. BGB

G
§ 994
Rn 4

Verwendungen sind Aufwendungen (Stichwort: *freiwillige Vermögensopfer*), die unmittelbar einer Sache zugutekommen sollen. Dazu zählen Maßnahmen der Erhaltung, Wiederherstellung oder Verbesserung der Sache. Umstritten ist,

Streitstand ⇨ **ob der Verwendungsbegriff und damit der Anwendungsbereich der §§ 994 ff. BGB darüber hinaus einzuschränken ist.**

a) Restriktiver Verwendungsbegriff

Insbesondere die Rechtsprechung schließt aus dem Verwendungsbegriff solche Aufwendungen auf die Sache aus, die diese ***grundlegend verändern***.

Argumente:

- Die völlige Umgestaltung einer (beweglichen) Sache bezeichnet das Gesetz als Verarbeitung, § 950 BGB, und nicht als Verwendung. (Stichwort: ***Abgrenzung zur Verarbeitung***)
- Auch liegt bei völliger Umgestaltung nach dem ***natürlichen Sprachgebrauch*** keine Verwendung mehr vor. (Stichwort: ***Kernbereich des Wortsinns***)
- Der enge Verwendungsbegriff verhindert, dass der Eigentümer zur Vergütung ihm ***aufgedrängter Bereicherungen*** verpflichtet wird.

b) Weiter Verwendungsbegriff

Überwiegend werden unter Verwendungen ***alle*** Aufwendungen auf eine Sache verstanden.

Argumente:

- Das EBV schützt den redlich-unverklagten Besitzer: Wenn der Eigentümer ***selbst die Zerstörung*** der Sache ersatzlos hinnehmen muss, verdient der Besitzer erst recht den Schutz des EBV bei Aufwendungen auf die Sache, die diese (nur) grundlegend umgestalten. (Stichwort: ***Gleichlauf negativer und positiver Schutzwirkung des EBV)*** Ihm nur ein Wegnahmerecht gemäß § 997 BGB zuzugestehen, ist nicht sachgerecht, weil es wirtschaftlich meist wertlos ist. (***997 wertlos***)
- Eine Abgrenzung zur Verarbeitung ist entbehrlich: Solange durch Aufwendungen auf die Sache nicht die Vindikationslage durch gesetzlichen Eigentumserwerb gemäß § 950 BGB entfällt, liegen Verwendungen vor. (Stichwort: ***Exklusivität von 950 und 987 ff.***)
- Den Schutz des Eigentümers vor aufgedrängter Bereicherung regeln die ***§§ 1001, 1002 BGB***. Er kann nicht über den Verwendungsbegriff erreicht werden.

Hinweise

- Umstritten ist ferner, ***wann*** der **Einsatz der Arbeitskraft** des Besitzers zugunsten der Sache eine Verwendung i.S.d. §§ 994 ff. BGB ist.
    - Insbesondere die Rechtsprechung stellt dafür allein auf den ***objektiven Marktwert*** der Arbeitsleistung ab.
    - Nach anderer Auffassung kommt es zusätzlich darauf an, ob dem Besitzer durch seine Arbeitsleistung ein ***anderweitiger Verdienst entgangen*** ist. Denn nur dann würde ein von §§ 994 ff. BGB vorausgesetztes ***echtes Vermögensopfer*** des Besitzers vorliegen.
    - Eine vermittelnde Auffassung will wie in § 670 BGB darauf abstellen, ob der Besitzer die Arbeit im Rahmen seines Gewerbes oder Berufs geleistet hat, ***analog § 1835 III BGB***. Dagegen wird eingewandt, dass die analoge Anwendung im Recht der Geschäftsführung ohne Auftrag nur als „Prämie" für die bewusste Wahrnehmung fremder Interessen gerechtfertigt sei. An dieser belohnenswerten Aufopferung fehle es i.R.v. §§ 994 ff. BGB aber.
- Zum Verwendungsersatzanspruch allgemein ist darauf hinzuweisen, dass bei notwendigen Verwendungen die **gewöhnlichen Erhaltungskosten** insoweit nicht ersatzfähig sind, als dem Verwender die Nutzungen verbleiben, § 994 I 2 BGB. Das wird überwiegend so verstanden, dass es darauf ankommt, ob die Nutzungen dem Besitzer nach der gesetzlichen Regelung der §§ 987 ff. BGB verbleiben sollen. Eine tatsächliche Nutzung sei irrelevant. Anders wird überwiegend entschieden, wenn die **Sache überhaupt keinen Nutzen abwirft**. Ohne objektive Nutzungsmöglichkeit seien auch gewöhnliche Erhaltungskosten ersatzfähig. Dagegen wird vorgetragen, dass nach der schematischen Regel des § 994 I 2 BGB auf Nachforschungen, ob und wie viele Nutzungen die Sache abgeworfen hat, gerade verzichtet werden sollte.
- Der für die Ersatzfähigkeit von Verwendungen **maßgebliche Zeitpunkt** wird überwiegend auf die ***Vornahme*** der Aufwendungen auf die Sache festgelegt. Verwendungen des rechtmäßigen Besitzers seien mangels Vindikationslage nicht ersatzfähig. Dagegen stellt die Rechtsprechung auf den Zeitpunkt der ***Geltendmachung*** des Verwendungsersatzanspruchs ab. Sie stellt auf das Schutzbedürfnis des Besitzers ab: Der rechtmäßige Fremdbesitzer könne nicht schlechter gestellt werden als der von Anfang an unrechtmäßige.

Literatur

Roth, JuS 2003, 937 (942 f.)

15 §§ 951, 812 ff. BGB neben Verwendungsersatz gemäß §§ 994 ff. BGB

G
Vor 994
Rn 15

In Verbindung, Vermengung oder Verarbeitung liegen häufig Verwendungen auf die Sache. Wird *der Besitzer* durch Verarbeitung Eigentümer der Gesamtsache, scheiden die §§ 994 ff. BGB mangels Vermögensopfer aus. Verliert der Besitzer sein Eigentum, stellt § 951 II 1 BGB klar, dass die §§ 994 ff. BGB Anwendung finden. Umstritten ist die umgekehrte Frage, ob trotz bestehender

Streitstand ⇨ **Vindikationslage ein Kondiktionsanspruch aus §§ 951, 812 ff. BGB in Betracht kommt.**

a) Ausschlusstheorie

Insbesondere die Rechtsprechung betrachtet die §§ 994 – 1003 BGB als abschließende Sonderregelung für Verwendungsersatzansprüche im Verhältnis zwischen Eigentümer und nichtberechtigtem Besitzer. Selbst hinsichtlich Aufwendungen auf die Sache, die *keine* Verwendungen i.S.v. §§ 994 ff. BGB sind, sollen ***Kondiktionsansprüche gesperrt*** bleiben.

Argumente:

- Der Wortlaut von § 996 BGB („nur insoweit") spricht für eine abschließende Regelung im EBV. Das ***differenzierte System*** ersatzfähiger Verwendungen der §§ 994, 996 BGB darf nicht durch pauschale Anwendung der §§ 951, 812 ff. BGB umgangen werden. Das zeigt sich insbesondere für den ***bösgläubigen Besitzer***, dem nach § 996 BGB kein Anspruch auf Ersatz nützlicher Verwendungen zustehen soll. (Stichwort: ***keine Umgehung der 994 ff.***)
- Der in §§ 1001 ff. BGB gewollte Schutz des Eigentümers gegenüber der ***Geltendmachung*** von Ersatzansprüchen darf nicht ausgehöhlt werden. (Stichwort: ***Schutzzweck 1001 ff.***)

b) Theorie der Anspruchskonkurrenz

Teilweise wird vertreten, dass die Verwendungsersatzansprüche aus §§ 994 ff. BGB das ***Kondiktionsrecht nicht verdrängen***.

Argumente:

- Für eine Schlechterstellung des besitzenden Verwenders gegenüber dem nichtbesitzenden fehlt ein überzeugender Grund. (Stichwort: ***Besitzer-Nichtbesitzer-Vergleich***)
- Ein Wertungswiderspruch zwischen den §§ 994 ff. BGB und Kondiktionsrecht besteht nicht: (Stichwort: ***kein Wertungswiderspruch***) Die §§ 994 ff. BGB regeln den ***Preis der Sachherausgabe (§ 1000 BGB) unabhängig vom Verwendungserfolg***. Das Bereicherungsrecht betrifft die Frage, was der Eigentümer zahlen muss, um den ***Verwendungserfolg zu behalten***. Es ist unbillig, den Eigentümer vor Kondikti-

onsansprüchen zu schützen, obwohl er die eingetretene ***Wertsteigerung realisieren*** kann.

- Das Gesetz geht ausweislich § 951 II 1 BGB von einem Nebeneinander von Verwendungskondiktion und §§ 994 ff. BGB aus. (Stichwort: ***951 II 1***)
- Das Problem der aufgedrängten Bereicherung wird nach allgemeinen Regeln ***bereicherungsrechtsintern*** gelöst.

Hinweis

Die Rechtsprechung ***kombiniert Ausschlusstheorie und engen Verwendungsbegriff*** (siehe **STREITSTAND 14**). Damit beschränkt sie selbst den redlichen Besitzer bei Umgestaltungen auf das (wirtschaftlich wertlose) Wegnahmerecht aus § 997 BGB und belässt dem Eigentümer die infolge Verwendung eingetretene Werterhöhung der Sache. Die **offensichtliche Unbilligkeit** dieser einseitigen Bevorzugung des Eigentümers selbst zu Lasten des redlichen Besitzers veranlasste Korrekturen, die die Rechtsprechung durch einen Aufopferungsanspruch aus § 242 BGB vornimmt.

Literatur

Canaris, JZ 1996, 344

16 §§ 994 ff. BGB bei Fremdbesitzern

G
Vor 994
Rn 4 ff

Es ist anerkannt, dass die §§ 994 ff. BGB auch auf den unrechtmäßigen Fremdbesitzer anzuwenden sind: Aufgrund unerkannt nichtigen Vertrages wurde ein Grundstück mit der Maßgabe vermietet, dass der Mieter vom Vermieter nach Ablauf der Mietzeit keine Verwendungsersatzansprüche habe. Der Mieter erneuert das Dach, 5 Jahre vor Ablauf der vereinbarten Mietzeit verlangt der Vermieter Herausgabe, § 985 BGB. Es geht dann um die Frage, ob

Streitstand ⇨ **für den Verwendungsersatzanspruch des unrechtmäßigen Fremdbesitzers die Einschränkungen aus seinem vermeintlichen Besitzrecht gelten.**

a) Theorie der unmodifizierten Geltung

Teilweise wird vertreten, dass die §§ 994 ff. BGB auch für den unrechtmäßigen Fremdbesitzer ***unmodifiziert*** gelten.

Argumente:

- Der dingliche Anspruch auf Verwendungsersatz kann ***nicht durch Vertragsverhältnisse beeinflusst*** werden.
- Der dem unrechtmäßigen Fremdbesitzer zustehende höhere Verwendungsersatzanspruch wird durch den ***Nachteil der sofortigen Herausgabe*** aufgewogen.

b) Restriktive Theorie

Überwiegend ist man der Auffassung, dass der gutgläubige Fremdbesitzer Verwendungen nur in dem Umfang ersetzt verlangen könne, wie sie ihm ***auch als rechtmäßigem Besitzer zugestanden hätten***. Die Beschränkungen aus seinem vermeintlichen Besitzrecht seien für §§ 994 ff. BGB zu übernehmen.

Argumente:

- Der Verwender kann als ***unrechtmäßiger Besitzer nicht besser stehen*** als im Falle der Rechtmäßigkeit seines Besitzes.
- Hinsichtlich derjenigen Verwendungen, die außerhalb des angenommenen Besitzrechts liegen, ist der Besitzer bösgläubig und insoweit auch nicht schutzwürdig. (Stichwort: ***partielle Bösgläubigkeit***)

Hinweis

Teilweise werden werterhöhende Verwendungen auch bis maximal insoweit für ersatzfähig gehalten, wie es dem ***Anteil der verlorenen Nutzungsdauer*** im Verhältnis zur geplanten Gesamtnutzungsdauer entspricht. Wird die Nutzungszeit um 30% reduziert, beträgt die Ersatzquote auch 30%. Nur so werde das schutzwürdige Vertrauen des Besitzers auf Eigennutzung der Verwendungen ***exakt abgebildet***.

17 Verwendungsersatzanspruch des Werkunternehmers gemäß §§ 994 ff. BGB

G
Vor 994
Rn 10 ff

Übergibt *der Eigentümer* dem Werkunternehmer eine Sache zur Reparatur und ist der Werkvertrag unwirksam, fehlt dem Werkunternehmer ein vertragliches Besitzrecht. Gleichwohl wird die Frage nach Verwendungsersatzansprüchen aus *§§ 994 ff. BGB weit überwiegend negativ* beantwortet: Die Rechtsprechung gewährt dem Werkunternehmer bereits einen Anspruch aus berechtigter GoA gemäß §§ 677, 683, 670 BGB und damit auch ein Recht zum Besitz. Damit fehlt es an einer Vindikationslage. Im Schrifttum wird dagegen ein Anspruch aus GoA und damit auch ein Besitzrecht zwar überwiegend abgelehnt, jedoch sei der *Werkunternehmer nicht Verwender* i.S.v. §§ 994 ff. BGB, denn der Verwendungsvorgang müsse dem Eigentümer (=Besteller) zugerechnet werden, weil er ihn auf eigene Rechnung veranlasst habe und ihn steuere. Andere sehen in der *Leistungskondiktion* gegenüber den §§ 994 ff. BGB die *speziellere Regelung*; insbesondere dürfe die Wertung des § 814 BGB nicht durch einen Verwendungsersatzanspruch des unredlichen Werkunternehmers aus § 994 II BGB umgangen werden.

Eine ähnliche Diskussion ergibt sich im ***Dreiecksverhältnis***: Repariert der Werkunternehmer für einen ***Nichteigentümer*** aufgrund *wirksamen* Vertrages, ist umstritten,

Streitstand ⇨ **ob der Werkunternehmer das Herausgabeverlangen des Eigentümers (§ 985 BGB) abwehren kann.**

Wenn man den redlichen Erwerb eines Werkunternehmerpfandrechts ablehnt (s.u. Streitstand 43), kommt es auf Verwendungsersatzansprüche gemäß §§ 994 ff. BGB und das sich daraus ergebende Zurückbehaltungsrecht aus § 1000 BGB an.

a) Unabhängigkeitstheorie

Überwiegend – insbesondere auch von der Rechtsprechung – werden Verwendungsersatzansprüche gegen den Eigentümer ***neben vertraglichen Ansprüchen*** befürwortet.

Argumente:

- Das Sachenrechtsverhältnis zwischen Eigentümer und Verwender kann von zusätzlichen schuldrechtlichen Abreden nicht beeinflusst werden. (Stichwort: ***Selbständigkeit des sachenrechtlichen Anspruchs***)
- Der Verwendungsersatzanspruch dient dem Schutz des Besitzers vor dem Herausgabeverlangen des Eigentümers. Dieser Schutz ist insbesondere in Dreiecksverhältnissen nötig, weil der Verwender keine vertraglichen Beziehungen zum Eigentümer hat, auf die er sich berufen könnte. (Stichwort: ***Sicherungsfunktion der §§ 994 ff. BGB***)

b) Ablehnende Theorie

Teilweise werden vertragliche Leistungen an Besteller ***nicht zugleich als Verwendung*** qualifiziert und damit die Ansprüche aus §§ 994 ff. BGB gegen den Eigentümer abgelehnt.

Argumente:

- Die §§ 994 ff. BGB sind spezielles Bereicherungsrecht. Deshalb kann eine Leistung an den Besteller nur in diesem Verhältnis rückgängig gemacht werden. Das ***bereicherungsrechtliche Versionsverbot*** gilt auch i.R.v. §§ 994 ff. BGB.
- Schon typologisch sind die §§ 994 ff. BGB nicht anwendbar: Eine Leistung ist die Mehrung fremden *Vermögens*, unter Verwendungen versteht man hingegen Vermögens*opfer* zugunsten einer *Sache*. (Stichwort: ***Leistung ≠ Verwendung***)
- Nicht der Werkunternehmer ist Verwender i.S.v. §§ 994 ff. BGB, sondern der Besteller, denn wie auch sonst im BGB, etwa in §§ 855 oder 950 BGB, wird der Vorgang dem Steuernden zugerechnet. (Stichwort: ***Verwendereigenschaft***)

Literatur

Staudinger/*Thole* (2019), Vorbem zu §§ 994 – 1003 Rn. 63 ff.

18 Restriktive Auslegung von § 999 II BGB

G
§ 999
Rn 5

Das Recht, Ersatz wegen Verwendungen zu verlangen, richtet sich nicht nur gegen den Eigentümer zur Zeit der Verwendungsvornahme. Gemäß § 999 II BGB haftet der *jeweilige* Eigentümer, damit der Besitzer seine reale Sicherheit nicht durch Eigentumsübertragung verliert. Umstritten ist,

Streitstand ⇨ **ob § 999 II BGB Anwendung findet, wenn der Eigentumswechsel auf einer vom nichtbesitzenden Eigentümer vorgenommenen Veräußerung beruht**

und der Eigentümer dabei infolge der verwendungsbedingten Wertsteigerung der Sache einen erhöhten Kaufpreis erzielt hat.

a) Gleichstellungstheorie

Teilweise wird die ***Veräußerung*** der Sache einer ***Wiedererlangung*** des Besitzes i.S.v. § 1001 S. 1 BGB ***gleichgestellt***. Demnach ***hafte der bisherige*** Eigentümer, ***nicht jedoch der neue***.

Argumente:

- § 999 II BGB ist eine ***Ausnahmevorschrift*** und unter Berücksichtigung der Interessen der Beteiligten ***eng auszulegen***. Sie ist daher jedenfalls nicht anzuwenden, wenn der Besitzer vorher auf seine Verwendungsersatzansprüche verzichtet hatte oder die Sache an den Eigentümer zurückgelangt war. Erlangt der Eigentümer durch Veräußerung der Sache deren Wert, steht dies deren Wiedererlangung i.S.v. § 1001 S. 1 BGB gleich. (***Sachwertzueignung = 1001 analog***)
- Nach § 999 II BGB ***lastet*** der Verwendungsanspruch ***unerkennbar*** auf der Sache. Deshalb ist der ***neue Eigentümer schutzwürdig***, zumal ihm Verwendungen wirtschaftlich häufig nicht zugutekommen, da sie bereits in den Kaufpreis einkalkuliert waren.

b) Strenge Theorie

Rechtsprechung und überwiegende Auffassung ***lehnen*** die fortgesetzte Haftung d. veräußernden Eigentümers ***ab***. Es hafte gemäß § 999 II BGB d. neue Eigentümer.

Argumente:

- Der Wortlaut von § 999 II BGB ist eindeutig und lässt keinen Raum, die Zueignung des Substanzwertes im Analogiewege der Wiedererlangung der Sache gleichzustellen. (Stichwort: ***klarer Wortlaut***)
- Der ***Besitzende*** ist ***schutzwürdig***. Er darf darauf vertrauen, dass ihm seine mit Sachbesitz verbundene reale Sicherheit für den Verwendungsersatzanspruch nicht entzogen wird. (Stichwort: ***Realsicherheit***)

Erwerb und Verlust beweglichen Eigentums

Das Eigentum an beweglichen Sachen kann kraft Rechtsgeschäft gemäß §§ 929 ff. BGB oder kraft Gesetz gemäß §§ 937 ff. BGB oder durch Staatsakt (etwa Versteigerung gepfändeter Sachen) erworben werden.

Im Folgenden findet sich eine Auswahl von Diskussionen zu rechtsgeschäftlichen und gesetzlichen Erwerbstatbeständen:

19 Bindungswirkung der dinglichen Einigung i.S.v. § 929 S. 1 BGB

G
§ 929
Rn 9

Im Schuldrecht sind – des Verbraucherwiderrufs ungeachtet – grundsätzlich schon Anträge, § 145 I BGB, und erst recht *Verträge bindend*, das heißt nicht mehr einseitig widerruflich. Durch die dingliche Einigung werden jedoch *keine* Ansprüche begründet. Liegen alle Voraussetzungen eines dinglichen Übertragungstatbestandes vor, scheidet denn auch ein Widerruf schon deswegen aus, weil die Rechtsübertragung vollendet ist. Umstritten ist

Streitstand ⇨ **die Widerruflichkeit der dinglichen Einigung, wenn es i.R.v. § 929 S. 1 BGB noch am Besitzübergang fehlt.**

a) Theorie der freien Widerruflichkeit

Nach ganz überwiegender Auffassung ist die dingliche Einigung i.S.v. § 929 S. 1 BGB bis zur Verwirklichung des Übertragungstatbestands ***nicht bindend***. Sie könne frei widerrufen werden.

Argumente:

- Der Wortlaut von § 929 S. 1 BGB spricht gegen eine Bindungswirkung antizipierter Einigungen, weil Gleichzeitigkeit von Einigsein „und" Übergabe für den Rechtsübergang gefordert wird. (Stichwort: ***Wortlaut***)
- Im Wege systematischer Auslegung ergibt sich aus §§ 873 II und 956 I 2 BGB, dass der Gesetzgeber grundsätzlich von der Widerruflichkeit dinglicher Einigungen vor Vollendung des Tatbestandes ausging. Aus dem Fehlen einer Regelung wie § 873 II BGB oder § 956 I 2 BGB folgt, dass im Mobiliarsachenrecht der Widerruf der Einigung bis zur Vollendung des dinglichen Erwerbsvorgangs möglich bleibt. (Stichwort: ***Systematik, 873 II, 956 I 2***)

b) Theorie der Bindungswirkung

Teilweise wird die dingliche Einigung für bindend gehalten. Ein einseitiger Widerruf sei wie bei allen Verträgen ausgeschlossen.

Argumente:

- Der Wortlaut von § 929 S. 1 BGB („übergibt und einig sind") ist ein ***Kompromiss***, der nur ***klarstellen*** sollte, dass Willenseinigung und Übergabe ***selbständige Elemente*** des Übertragungstatbestandes sind. (Stichwort: ***Wortlaut ohne Aussage für Bindungswirkung***)
- § 873 II BGB ist Ausdruck eines Übereilungsschutzes im Immobiliarsachenrecht. Der Verfügende soll ***ausnahmsweise*** bis zum Eintritt der besonderen Voraussetzungen des § 873 II BGB seine Einigungserklärung ***widerrufen*** können. Deshalb kann aus § 873 II BGB kein Argument gegen die grundsätzliche Bindungswirkung dinglicher Einigungen hergeleitet werden. (Stichwort: ***873 II als Übereilungsschutz***)

- Wenn die Vorausabtretung zukünftiger Forderungen trotz fehlender Vollendung des Tatbestands allgemein für bindend gehalten wird, kann für die Einigung i.S.v. § 929 S. 1 BGB nichts anderes gelten. (Stichwort: ***Vergleich Vorausabtretung***)

Hinweise

- Hält man die Einigung für widerruflich, muss ein Widerruf dem Gegner ***zugehen*** oder für ihn zumindest erkennbar sein. Die gegenteilige Reichsgerichtsrechtsprechung zu dieser Frage dürfte inzwischen überholt sein: „Einigsein" kann nicht mehr begriffsjuristisch verstanden werden. Darin liegt nämlich nicht nur eine rein psychologische Tatsache, die bis zur Vollendung der Übertragung schlicht gegeben sein müsste. Vielmehr handelt es sich bei der dinglichen Einigung um einen ***Vertrag***, und es gilt eine ***tatsächliche Vermutung für den Fortbestand*** der erklärten Einigung.
- Es ist ebenfalls umstritten, ob die **Auflassung** schon aufgrund ihrer bloßen Abgabe vor der zuständigen Stelle i.S.v. § 925 I 1 BGB (Notar) nicht mehr einseitig widerruflich ist, oder ob dafür die Form des § 873 II BGB eingehalten werden muss. Da die Abgabe der Auflassung vor dem Notar notwendig zur Beurkundung führt gemäß §§ 8 ff. BeurkG und die Beteiligten die Auflassung gemäß §§ 20, 29 GBO auch zum Nachweis gegenüber dem Grundbuchamt öffentlich beurkunden lassen müssen, ist dieser Streitstand regelmäßig nicht von Bedeutung.

Literatur

Schödermeier/Woopen, JA 1985, 622

20 Eigentumsübergang an Selbstbedienungstankstellen

G
§ 929
Rn 13,27

Die Einigung i.S.v. § 929 S. 1 BGB ist ein dinglicher Vertrag, der den allgemeinen Vorschriften unterliegt. Beim Abzapfen von Selbstbedienungstankstellen ist

Streitstand ⇨ **jedoch der Zeitpunkt des Eigentumsübergangs umstritten.**

a) Theorie des sofortigen Übergangs

Teilweise wird die Auffassung vertreten, der Eigentumsübergang vollziehe sich ***mit dem Einfüllen des Benzins in den Tank des Pkw***.

Argumente:

- In der Freigabe der Zapfsäule zur Selbstbedienung liegen die ***Angebote*** zum Abschluss von ***Kauf- und Übereignungsvertrag***. Diese werden angenommen, indem der Kunde das Benzin einfüllt. Für die Annahmeerklärungen gilt § 151 BGB. Selbst wenn man umgekehrt ein Angebot im Einfüllen sieht, liegt in der Gestattung dessen Annahme.
- Der Entnahmevorgang ist faktisch ***unumkehrbar***; der Kunde muss vor ***willkürlichem Herausgabeverlangen*** des Tankstelleninhabers (§§ 985, 812 BGB) ***geschützt*** sein. Deshalb entstehen alle rechtsgeschäftlichen Pflichten und Verfügungen bereits beim Zapfvorgang.

b) Theorie der verzögerten Übertragung

Teilweise wird der Eigentumsübergang ***erst nach Bezahlung*** des getankten Benzins angenommen.

Argumente:

- Im Einfüllvorgang liegen die Angebote des Kunden. Diese werden vom Tankstelleninhaber erst durch Annahme der Bezahlung ***an der Kasse*** konkludent angenommen. ***Vorherige*** Erklärungen sind ***Fiktion***.
- Bei Selbstbedienungs**läden** ist anerkannt, dass der Eigentumsübergang erst an der Kasse stattfindet. Zur Selbstbedienungstankstelle bestehen keine signifikanten Unterschiede. (***Vergleich Selbstbedienungsladen***)

Hinweise

- Eine durch Zahlung des Kaufpreises an der Tankstellenkasse **bedingte Übereignung** des Benzins zu konstruieren, scheidet nach überw. Auffassung aus: Ein Eigentumsvorbehalt ***bedarf ausdrücklicher u. eindeutiger Vereinbarung***.
- Ein **gesetzlicher Eigentumsübergang** durch Vermischung führt nach §§ 948 I Fall 1, 947 I BGB häufig nur zu **Miteigentum**, nicht aber Alleineigentum am Benzin, wenn man nicht den Tankinhalt immer als Hauptsache ansehen will.

- In einer **Entscheidung** zum Tanken an einer Selbstbedienungstankstelle hat der **BGH** den Abschluss des Kaufvertrages bejaht, als der Kunde den Kraftstoff in seinen Tank füllte (BGH v. 04.05.2011 - VIII ZR 171/10 - NJW 2011, 2871-2872). Auf den Zeitpunkt des Eigentumsübergangs kam es in dieser Entscheidung leider nicht an. Der BGH hat aber klargestellt, dass eine Parallele zum Einkauf in Selbstbedienungsläden nicht trägt, weil in beiden Fällen eine unterschiedliche Interessenlage, die auch zu einer anderen rechtlichen Bewertung führt, bestehe:
    - In einem Selbstbedienungsladen könne die vom Kunden aus dem Regal entnommene Ware problemlos wieder zurückgelegt und anschließend an einen anderen Kunden verkauft werden. Nach der Verkehrsanschauung führe deshalb allein die Entnahme der Ware aus dem Regal noch nicht zu den Bindungswirkungen eines Kaufvertrages.
    - An der Selbstbedienungstankstelle werde durch das Einfüllen des Kraftstoffs in den Tank hingegen ein praktisch unumkehrbarer Zustand geschaffen, so dass es dem Interesse beider Parteien entspreche, dass bereits zu diesem Zeitpunkt ein Kaufvertrag zustande komme.
        - Der Tankstellenbetreiber habe bei Abschluss des Tankvorgangs durch das Überlassen des Kraftstoffs bereits die Hauptpflicht des Verkäufers jedenfalls zur Besitzverschaffung (§ 433 Abs. 1 Satz 1 BGB) erfüllt und werde hierzu ohne eine vertragliche Bindung regelmäßig nicht bereit sein.
        - Ebenso habe aber auch der redliche Kunde ein Interesse daran, den Kraftstoff aufgrund eines - mit dem Einfüllen des Kraftstoffs in den Tank - geschlossenen Vertrages zu erlangen und ihn behalten zu dürfen, ohne dass dies davon abhängt, ob der Tankstellenbetreiber anschließend bereit ist, mit ihm einen Kaufvertrag abzuschließen. Aus der Sicht eines objektiven Betrachters in der Lage des jeweiligen Erklärungsgegners sei damit zum Zeitpunkt der Entnahme des Kraftstoffs durch den Kunden ein Kaufvertrag zu Stande gekommen, ohne dass es hierzu weiterer Willenserklärungen - etwa an der Kasse - bedürfe.
    - Mit Blick auf das Eigentum hatte die Vorinstanz vertreten, im Aufstellen bzw. in der Freischaltung der Tanksäule sei ein unbedingtes Übereignungsangebot hinsichtlich des Benzins zu sehen, sofern nicht ein ausdrücklicher Hinweis an der Zapfsäule angebracht sei, dass der Eigentumsübergang unter der aufschiebenden Bedingung vollständiger Bezahlung stehen soll. Dagegen wird eingewandt, unter Berücksichtigung aller Umstände könne der Kunde nicht davon ausgehen, dass die Freischaltung der Zapfsäule als Angebot zur unbedingten Übereignung des Kraftstoffs zu verstehen ist. Hierin liege allenfalls ein Angebot zu einer durch Kaufpreiszahlung aufschiebend bedingten Übereignung (Beckmann, in: JurisPK-BGB, § 929 Rn. 32.1).

Literatur

BGH NJW 2011, 2871-2872

21 Übergabe i.S.v. § 929 S. 1 BGB kraft früherer Wegnahmeermächtigung

G 929 Rn 13

Anerkannt ist, dass die Besitzergreifung der Sache durch den Erwerber einer *Übergabe gleichzustellen* ist, wenn sie *aktuell besitzrechtlich legitimiert* ist, das heißt der Erwerber sich den Besitz unter Zustimmung des Veräußerers verschafft hat. Umstritten ist,

Streitstand ⇨ **unter welchen Voraussetzungen eine frühere Zustimmung des Veräußerers wirksam bleibt.**

a) Theorie vom konkreten Besitzverlustwissen

Vereinzelt ist die Auffassung geblieben, dass eine Übergabe durch Besitzergreifung des Erwerbers nur dann vorliegt, wenn der Veräußerer von der *konkreten* Wegnahme weiß. Eine frühere Wegnahmeermächtigung genüge ***nicht***, um ***heimliche Besitzergreifung*** zu legitimieren.

Argument:

- Die Übergabe ist ein Realakt. Sie erfordert die Mitwirkung des Veräußerers am Besitzwechsel. (Stichwort: ***keine Heimlichkeit***) An einer Mitwirkung fehlt es, wenn der Veräußerer vom konkreten Besitzverlust nichts weiß. (Stichwort: ***aktuelle Mitwirkung***)

b) Allgemeine Veranlassungstheorie

Ganz überwiegend wird betont: Die Besitzergreifung durch den Erwerber sei eine Übergabe, solange sie vom Willen des Veräußerers gedeckt ist. Dieser könne sich auch aus einer ***früher*** erteilten Wegnahmeermächtigung ergeben.

Argumente:

- Eine früher erteilte Wegnahmeermächtigung ist zwar jederzeit – auch konkludent – widerruflich; sie ist aber besitzrechtlich solange maßgeblich, wie sich kein Anhaltspunkt für eine geänderte Haltung des Veräußerers ergibt. (***vermuteter Fortbestand der Ermächtigung***)
- Wenn man das Institut der Wegnahmeermächtigung nicht ganz aufgeben will, muss man eine wirksame Gestattung im Zeitpunkt der Besitzergreifung für maßgeblich halten. Auf einen entgegenstehenden inneren Willen des Veräußerers oder eine tatsächliche Mitwirkungshandlung kommt es dann nicht an. (***Gestattung maßgeblich***)

Hinweis

Anerkannt ist, dass eine **Genehmigung** (nachträgliche Zustimmung) der eigenmächtigen Wegnahme für eine Übergabe nicht genügt.

22 Übergabe i.S.v. § 929 S. 1 BGB durch Erwerb mittelbaren Besitzes

G
§ 929
Rn 16

Die Übergabe zur Übertragung von Alleineigentum gemäß § 929 S. 1 BGB setzt voraus, dass der Veräußerer von jeglicher Besitzbeziehung zur Sache ausgeschlossen wird. Auf Erwerberseite ist Besitzerlangung erforderlich. Dafür kann mittelbarer Besitz ausreichen: Der Veräußerer kann anerkanntermaßen dem Erwerber dadurch mittelbaren Besitz verschaffen, dass er die Sache einem Dritten übergibt, der dem Erwerber den Besitz mittelt. Anerkannt ist ferner, dass keine Besitzverschaffung nach § 929 S. 1 BGB vorliegt, wenn der Veräußerer seinen eigenen mittelbaren Besitz auf den Erwerber gemäß § 870 BGB überträgt. Diesen Fall erfasst § 931 BGB. Umstritten ist jedoch, ob

Streitstand ⇨ **der mittelbar besitzende Veräußerer die Sache auch dadurch übergeben kann, dass er seinen Besitzmittler anweist, mit dem Erwerber ein Besitzkonstitut zu vereinbaren und dies geschieht.**

a) Theorie vom Wechsel des unmittelbaren Besitzes

Teilweise wird eine Übergabe i.S.v. § 929 S. 1 BGB nur bejaht, wenn ein Wechsel des ***unmittelbaren*** Besitzes stattgefunden hat.

Argumente:

- § 929 S. 1 BGB liegt die Vorstellung zugrunde, dass der Besitzwechsel an der Sache durch „***Geben und Nehmen***" von „***Hand zu Hand***" erfolgt. Bei Fortbestehendem unmittelbaren Besitz ein- und derselben Person ist der Besitzerwerb ***nicht hinreichend offenkundig*** für § 929 S. 1 BGB. (Stichwort: ***Traditionsprinzip***)
- Die Anwendung von § 929 S. 1 BGB stellt eine Umgehung von § 931 BGB dar, der gerade die Übereignung unter Beibehaltung des unmittelbaren Besitzes eines Dritten regelt und dafür die Abtretung des Herausgabeanspruchs fordert. (Stichwort: ***Umgehung 931***)

b) Erweiterte Besitzwechseltheorie

Überwiegend hält man für richtig, dass zur Übergabe i.S.v. § 929 S. 1 BGB ein (beliebiger) ***Besitzverschaffungsakt*** zugunsten des Erwerbers genüge. Die erlangte Position könne ***auch mittelbarer Besitz*** sein.

Argumente:

- Das Traditionsprinzip fordert keine strenge Auslegung von § 929 S. 1 BGB; vielmehr enthalten die §§ 929 ff. BGB insgesamt das ***Entäußerungsprinzip***. Die Wahl des Übereignungstatbestands ist eine Zuordnungsfrage. Die Besitzverschaffung ist der Übergabe i.S.v. § 929 S. 1 BGB gleichwertig. (Stichwort: ***Gleichwertigkeit von Besitzverschaffung und Übergabe***)

- § 931 BGB ist nicht einschlägig, weil der Veräußerer seinen Herausgabeanspruch gegen den unmittelbaren Besitzer ***gerade nicht abgetreten*** hat. (Stichwort: ***Anweisung*** $\neq$ ***Abtretung***)

Hinweis

Es gibt nach überwiegender Auffassung **3 Möglichkeiten** zur Eigentumsübertragung, wenn der Veräußerer mittelbarer Besitzer ist:

- Besitzverschaffung durch ***Anweisung an den Besitzmittler*** zur Neubegründung eines Besitzmittlungsverhältnis mit dem Erwerb und Vollzug der Anweisung, § 929 S. 1 BGB,
- Vereinbarung eines ***weiteren Besitzkonstituts***, §§ 929, 930 BGB, so dass der Erwerber mittelbarer (Eigen-)Besitzer 2. Stufe wird, und
- ***Abtretung des Herausgabeanspruchs*** aus dem Besitzmittlungsverhältnis an den Erwerber, §§ 929, 931 BGB.

Literatur

Soergel/*Henssler* (2002), § 929 Rn. 55

23 Eigentumserwerb durch Ehegatten

G
§ 1357
Rn 20

Umstritten ist,

Streitstand ⇨ **ob § 1357 I 2 BGB für die zur Deckung des Lebensbedarfs beschafften Gegenstände dingliche Wirkung hat.**

Dann würden diese beschafften Güter unmittelbar Miteigentum der Ehegatten werden.

a) Theorie der schuldrechtlichen Wirkung

Überwiegend wird § 1357 I 2 BGB keine dingliche Wirkung beigemessen. Der andere Ehegatte werde ***nicht kraft Gesetzes Miteigentümer*** des erworbenen Gegenstandes.

Argumente:

- Der Wortlaut spricht für rein schuldrechtliche Wirkungen von § 1357 I 2 BGB, denn „berechtigt und verpflichtet" hat ***keinen Bezug zur dinglichen Einigung***. „Berechtigt" bedeutet, dass ein durch das Geschäft begründeter schuldrechtlicher Anspruch beiden Ehegatten gemeinsam zusteht. (Stichwort: ***Wortlaut***)
- § 1357 I 2 BGB bezweckt nicht, einen gesetzlich nicht geregelten „Quasigüterstand" der Miteigentümerschaft an Gegenständen zur Deckung des Lebensbedarfs zu schaffen. (Stichwort: ***kein Teilgüterstand „Miteigentum nach Bruchteilen kraft Schlüsselgewalt"***)

b) Theorie der dinglichen Wirkung

Teilweise wird vertreten, dass, wenn das Verpflichtungsgeschäft unter § 1357 I 2 BGB fällt, der andere Ehegatte auch am dinglichen Erwerb ***kraft Gesetzes*** beteiligt sei.

Argumente:

- Nur der Erwerb von Miteigentum an Gegenständen des Lebensbedarfs entspricht der ehelichen Lebensgemeinschaft. (Stichwort: ***Wesen der ehelichen Lebensgemeinschaft***)
- Schuldrechtliche und dingliche Rechtslage müssen parallel laufen: Wenn der eine Ehegatte selbst mitverpflichtet ist, muss er auch einen Anspruch auf Übereignung ***an sich selbst*** und nicht nur an den anderen Ehegatten haben. (Stichwort: ***Parallelität von schuldrechtlicher und dinglicher Rechtslage***)

Hinweise

- Innerhalb der Theorie der schuldrechtlichen Wirkung von § 1357 I 2 BGB ist umstritten, wann **Miteigentumserwerb** des anderen Ehegatten nach allgemeinen Regeln der §§ 929 ff., 164 ff. BGB eintritt. Die Rechtsprechung ***vermutet häufig einen Erwerbswillen zu Miteigentum der beiden Ehegatten***. Dafür wurde früher die Eigentumsvermutung für Hausrat aus § 8 II HausratsVO angeführt. Die Gegenansicht verweist auf § 1370 BGB als *lex-posterior*, wonach im gesetzlichen Güterstand solche Haushaltsgegenstände, die anstelle von nicht mehr vorhandenen oder wertlos gewordenen angeschafft werden, gerade nicht zu Miteigentum erworben werden.
- Hinzuweisen ist auf die **familienrechtlichen Verfügungsbeschränkungen** aus §§ 1365 I 2, 1369 I BGB. Sie dienen dem Schutz der materiellen Grundlage der Familie und des Familienhaushalts und ***schließen sogar redlichen Erwerb aus***. Für die Auslegung des absoluten Veräußerungsverbots gemäß § 1365 I BGB ist die ***subjektive*** (Erwerber weiß, dass es sich um nahezu ganzes Vermögens handelt) ***Einzeltheorie*** (Vermögen im Ganzen kann auch ein Einzelgegenstand sein) überwiegend anerkannt.
- Eine andere Problematik wird als ***Eigentumserwerb <u>unter</u> Ehegatten*** diskutiert. Es geht um die Übertragung des Eigentums an einer sich in Mitbesitz beider Ehegatten befindlichen (§ 1353 BGB) beweglichen Sache von einem auf den anderen. Der Erwerb von *Miteigentum* vollzieht sich gemäß §§ 929 S. 1 i.V.m. § 929 S. 2 BGB durch bloße Einigung. *Alleineigentum* wird gemäß § 929 S. 1 i.V.m. § 930 BGB durch Umkehr des Besitzkonstituts erworben: Der veräußernde Ehegatte mittelt nunmehr dem erwerbenden gemäß §§ 868, 1353 BGB den Mitbesitz. Der Erwerber wird Eigenmitbesitzer, der Veräußerer Fremdmitbesitzer.

Literatur

Brötel, Jura 1992, 470

24 Dinglicher Vertrag zugunsten Dritter

G
Einf 328
Rn 9

Umstritten ist,

Streitstand ⇨ **ob dingliche Verträge zugunsten Dritter möglich sind.**

a) Theorie der Einigung zugunsten Dritter

Ein dinglicher Vertrag zugunsten Dritter wird teilweise zugelassen. Voraussetzung sei aber, dass der ***Vollziehungstatbestand in der Person des dritten Rechtserwerbers*** vorliege. Diesem also müsse die Sache übergeben – im Liegenschaftsrecht: dieser im Grundbuch eingetragen – werden.

Argumente:

- Die Anwendbarkeit des Stellvertretungsrechts auf dingliche Verträge ist anerkannt. Die §§ 328 ff. BGB haben aber eine dem Stellvertretungsrecht funktional gleichwertige Zuordnungswirkung. Deshalb ist ihr ***Normzweck auf das Sachenrecht übertragbar***. (Stichwort: ***Zuordnungswirkung wie Stellvertretung***)
- Das Publizitätsprinzip ist gewahrt, weil der Vollziehungstatbestand in der Person des Dritterwerbers realisiert werden muss. (Stichwort: ***Publizität in Person des Erwerbers***)
- Dem Dritten können durch einen dinglichen Vertrag zugunsten Dritter keine ungewollten Rechte und Pflichten aufgedrängt werden, weil ihm gemäß § 333 BGB analog ein ***Zurückweisungsrecht*** zusteht. (Stichwort: ***333***)

b) Ablehnende Lösung

Überwiegend, insbesondere von der ständigen Rechtsprechung, wird ein dinglicher Vertrag zugunsten Dritter ***nicht für möglich*** gehalten.

Argumente:

- § 328 I BGB findet auf dingliche Einigungen schon seinem ***Wortlaut*** nach keine Anwendung, da sie ***keine Leistungsrechte*** begründen. Auch sind schuldrechtliche Ansprüche und dingliche Rechte derart kategorial verschieden, dass eine Analogie ausscheidet. (Stichwort: ***Verschiedenheit schuldrechtlicher Anspruch / dingliches Recht***)
- Die Privatautonomie schützt auch denjenigen, der durch rechtsgeschäftliche Änderung der dinglichen Rechtslage eine dingliche Rechtsposition erlangt. Nur wenn er ***beteiligt*** ist, sei es unmittelbar oder vertreten durch einen bevollmächtigten Dritten, kann der Bestand der dinglichen Rechte in seiner Person geändert werden. (Stichwort: ***Schutz der Privatautonomie***)

Literatur

MünchKomm/*Gottwald* (2022), § 328 Rn. 273 ff.

25 Redlicher Erwerb vom Minderjährigen gemäß §§ 932 ff., 107 BGB

G
§ 107
Rn 7

Auch die Verfügung eines Nichtberechtigten führt nur zum Eigentumserwerb, wenn Veräußerer und Erwerber sich *wirksam dinglich einigen*, §§ 929 S. 1, 932 BGB. Für einen Minderjährigen ist die Verfügung über fremde Sachen ein neutrales Geschäft; die entsprechende dingliche Einigung daher nach überwiegender Auffassung gemäß § 107 BGB wirksam.

Streitstand ⇨ **Dennoch ist der gutgläubige Erwerb vom Minderjährigen gemäß §§ 932 ff., 107 BGB umstritten.**

a) Teleologische Reduktion der §§ 932 ff. BGB

Nach einigen Stimmen in der Literatur findet ein redlicher Erwerb beweglicher Sachen vom Minderjährigen ***nicht*** statt.

Argumente:

- Der gutgläubige Erwerber wird durch den Schutz seines guten Glaubens gemäß §§ 932 ff. BGB so gestellt, ***wie wenn der Veräußerer Eigentümer wäre***. Wäre der Minderjährige Eigentümer, wäre seine Verfügung über die Sache als rechtlich nachteiliges Geschäft, § 107 BGB, unwirksam. Deshalb ist auch ein gutgläubiger Erwerb zu verneinen. (Stichwort: ***Sinn und Zweck 932***)
- Der Erwerber darf im Fall der Nichtberechtigung des Veräußerers nicht besser stehen als beim Erwerb vom Berechtigten. (Stichwort: ***kein Erwerb kraft Nichtberechtigung***)

b) Lehre vom neutralen Geschäft

Überwiegend wird der redliche Erwerb beweglicher Sachen vom Minderjährigen ***für möglich*** gehalten.

Argumente:

- § 932 BGB macht ***nicht den guten Glauben wahr***, sondern ***schließt den Erwerb bei Bösgläubigkeit aus***. Deshalb ist bei Verfügungen Minderjähriger über fremde Rechte keine teleologische Reduktion der §§ 932 ff. BGB geboten. (Stichwort: ***Wirkungsweise 932***)
- §§ 107 f. BGB schützen nur den Minderjährigen, nicht den Eigentümer, über dessen Sachen der Minderjährige verfügt. (***Schutzzweck 107***)

Hinweis

Lehnt man die Lehre vom neutralen Geschäft i.R.v. § 107 BGB ab, ist für einen redlichen Erwerb vom Minderjährigen gemäß §§ 932 ff., 107 BGB bereits mangels wirksamer Einigung kein Raum.

26 Einschränkende Auslegung von § 934 Fall 1 BGB

G
§ 934
Rn 3

Gemäß § 934 Fall 1 BGB wird der gutgläubige Erwerber bereits dann Eigentümer, wenn der nichtberechtigte Veräußerer seinen tatsächlich bestehenden Herausgabeanspruch gegen den unmittelbaren Besitzer an den Erwerber gemäß §§ 931, 870 BGB abtritt. Umstritten ist,

Streitstand ⇨ **ob es dabei bleiben kann, wenn der Erwerber keinen unmittelbaren Besitz an der Sache erlangt.**

a) Teleologische Reduktion des § 934 Fall 1 BGB

Teilweise wird eine teleologische Reduktion von § 934 Fall 1 BGB befürwortet. An den Gutglaubenserwerb gemäß § 934 Fall 1 BGB seien keine geringeren Anforderungen zu stellen als i.R.v. § 933 BGB, um einen ***Wertungswiderspruch*** zwischen den beiden Tatbeständen ***zu vermeiden***.

Argumente:

- In § 934 Fall 1 BGB offenbart sich eine ***Anschauungslücke des Gesetzgebers***. Er hat die Regelung des § 870 BGB, wonach die bloße Abtretung des Herausgabeanspruchs zur Übertragung des mittelbaren Besitzes genügt, für den gutgläubigen Erwerb gemäß § 934 Fall 1 BGB einfach übernommen. Dabei wurde übersehen, dass sich aus der bloßen Abrede zwischen Nichtberechtigtem und Erwerber ***keine ausreichend gesicherte Rechtsscheingrundlage*** ergibt.
- Um einen Rechtsverlust beim Eigentümer zu rechtfertigen, genügt es nicht, nur auf das Verhalten des Veräußerers abzustellen. (Stichwort: ***Dogma vom vollständigen Besitzverlust irrelevant***) Vielmehr kommt es darauf an, ob der Erwerber schutzwürdiger ist als der Eigentümer. Deshalb ist bei § 934 Fall 1 BGB die Wertung des § 933 BGB zu berücksichtigen: Eine Bevorzugung des Erwerbers vor dem Berechtigten setzt voraus, dass der Erwerber im Vergleich zum Berechtigten eine stärkere Position zur Sache erlangt. (Stichwort: ***stärkere Sachbeziehung***) Solange die Sache aber im Besitz der Person bleibt, der auch der Berechtigte die Sache anvertraut hatte, ist das nicht der Fall. (Stichwort: ***Erwerber nicht „näher dran"***)

b) Lehre vom einheitlichen Prinzip des Besitzverlustes

Überwiegend wird die gesetzliche Regelung des § 934 Fall 1 BGB hingenommen.

Argumente:

- Eine teleologische Reduktion von § 934 Fall 1 BGB überschreitet die Grenzen zulässiger Rechtsfortbildung. Denn zwischen § 933 BGB und § 934 Fall 1 BGB besteht ***kein Wertungswiderspruch***. Während bei § 933 BGB der Veräußerer noch einen Rest an Besitz behält, gibt er bei § 934 Fall 1 BGB die Sachherrschaft völlig auf. (Stichwort: ***vollständiger Besitzverlust bei 934 Fall 1***)

- § 934 Fall 1 BGB stellt mittelbaren Besitz dem unmittelbaren ausdrücklich gleich. Diese Entscheidung mag man rechtspolitisch für verfehlt halten, *de lege lata* kann man sie nicht ignorieren. (Stichwort: ***ausdrückliche Gleichstellung unmittelbarer/mittelbarer Besitz***)

Hinweise

- Umstritten ist ferner, ob ein Gutglaubenserwerb nach § 934 Fall 1 BGB auch möglich ist, wenn der ***Eigentümer* als Besitzmittler unmittelbarer Besitzer der Sache** ist, etwa als Mieter des Nießbrauchers.
    - Nach einer Auffassung ist dies zu verneinen. Dafür wird auf § 936 III BGB (analog) hingewiesen, wonach der unmittelbar besitzende dingliche Rechtsinhaber vor Rechtsverlust geschützt sei.
    - Dagegen wird vorgetragen, dass § 936 III BGB vom Schutzzweck her nur den *lastenfreien* Eigentumserwerb erfasse, nicht den Eigentumserwerb *selbst*. Die Vorschrift setze vielmehr voraus, dass ein Eigentumserwerb stattgefunden habe. Im Übrigen habe der Eigentümer mit Begründung mittelbaren Besitzes anders als der besitzende Drittberechtigte i.S.v. § 936 III BGB die Rechtsscheinbasis für den redlichen Erwerb selbst geschaffen. Wenn das Gesetz mittelbaren Besitz in § 934 Fall 1 BGB als Rechtsscheinträger anerkennt, könne der redliche Erwerb auch nicht mehr davon abhängen, ob der Eigentümer zufällig mittelbarer Besitzer ist.
- Zur Problematik des **Nebenbesitzes** siehe Streitstände zum Download auf der Homepage.

Literatur

Picker, AcP 188 (1988), 511

27 Redlicher Erwerb und Scheingeheißperson

G
§ 932
Rn 4

Bei der Übergabe i.S.v. § 929 S. 1 BGB können Geheißpersonen eingesetzt werden: Weist der Veräußerer einen Dritten, der im Besitz der Sache ist, an, die Sache dem Erwerber zu übergeben, und folgt der Dritte diesem Geheiß, so erwirbt der Erwerber durch diese Übergabe rechtlich den Besitz *vom Veräußerer*. Auch wenn der Veräußerer Nichtberechtigter ist und sich der Dritte seinem Geheiß unterordnet, ist das Merkmal der Übergabe i.S.v. §§ 929 S. 1, 932 I 1 BGB erfüllt. Umstritten ist jedoch die Rechtslage, wenn der besitzende Dritte dem Erwerber die Sache *nicht auf Geheiß des Veräußerers* aushändigt, während der Erwerber gutgläubig annimmt, dass der Dritte Geheißperson des Veräußerers ist.

Streitstand ⇨ **Dann ist zunächst fraglich, ob sich der Besitzübergang noch auf Veranlassung des Veräußerers zum Zwecke der Eigentumsverschaffung vollzog.**

a) Lehre von der Scheingeheißperson (hins. „Übergabe“)

Insbesondere die Rechtsprechung stellt auf den ***Empfängerhorizont des Erwerbers*** ab. Aus dessen Sicht handle der Dritte als Geheißperson des Veräußerers. Deshalb sei eine Übergabe zu bejahen.

Argumente:

- Rein tatsächlich vollzieht sich der Besitzwechsel auch bei Einschaltung einer Scheingeheißperson auf Veranlassung des Veräußerers, weil dieser den Vorgang initiiert. Damit sind die Voraussetzungen einer Übergabe i.S.v. § 929 S. 1 BGB komplett. (Stichwort: ***Veranlassung durch Veräußerer***)
- Der innere Wille des Dritten ist für den Tatbestand der Übergabe irrelevant. Das gilt jedenfalls für das Untermerkmal der „Veranlassung“, da es insoweit ***nur auf den Veräußerer*** ankommt. Das gleiche gilt aber für das Untermerkmal „zum Zwecke der Eigentumsverschaffung“. Diesem wohnt zwar ein finales und damit subjektives Element inne. Auch insofern kann es aber nur auf den Veranlasser des Besitzwechsels ankommen, also den Veräußerer. Selbst wenn man dem nicht folgt, wäre jedenfalls nicht der Wille des Dritten maßgeblich, sondern ***allenfalls der objektive Empfängerhorizont des Erwerbers***, vor dem sich der Vorgang als Übergabe darstellt. (Stichwort: ***Irrelevanz der Willensrichtung des Dritten***)

b) Unterwerfungstheorie (hins. „Übergabe“)

Die weit verbreitete Gegenposition fordert für eine Übergabe i.S.v. §§ 929 S. 1, 932 I 1 BGB, dass sich der unmittelbar besitzende Dritte ***tatsächlich*** den Weisungen des Veräußerers ***unterworfen*** und den Besitzübergang ***für dessen Rechnung*** vollzogen hat. Die Scheingeheißperson erfüllt diese Anforderungen nicht, da sie meist durch Täuschung des Veräußerers glaubt, die Sache für *eigene* Rechnung an den Erwerber zu liefern.

Argument:

- Das Merkmal der Übergabe setzt nicht nur eine durch den Veräußerer veranlasste Besitzverschaffung voraus, vielmehr muss diese auch ***zur*** Eigentumsverschaffung erfolgen. Davon kann bei Einschaltung einer Geheißperson nur die Rede sein, solange diese sich tatsächlich den Weisungen des Veräußerers unterwirft. Will die Scheingeheißperson selbst übereignen oder sonstige eigene Zwecke verfolgen, erfolgt der Besitzwechsel nicht mehr zur Eigentumsverschaffung durch den Veräußerer. (Stichwort: ***keine zurechenbare Finalität***)

Wenn das Merkmal der Übergabe bejaht wurde, ist zu prüfen - was meines Erachtens häufig zu Unrecht für entbehrlich gehalten wird -

Streitstand ⇨ **ob ein für redlichen Erwerb gemäß §§ 929 S. 1, 932 I 1 BGB hinreichender Rechtscheintatbestand vorliegt.**

a) Lehre von d. Scheingeheißperson (hins. „Rechtsschein“)

Argument:

- Der Umstand, dass es dem Veräußerer gelingt, dem Erwerber den unmittelbaren Besitz zu verschaffen, dokumentiert seine ***Besitzverschaffungsmacht***, die als Rechtsscheinbasis für den redlichen Erwerb gemäß §§ 929 S. 1, 932 I 1 BGB hinreicht.

b) Unterwerfungstheorie (hins. „Rechtsschein“)

Argumente:

- Dem Besitz als Rechtsscheinbasis ***vergleichbar wäre die tatsächliche*** Weisungsmacht. Da sich der Dritte aber nicht dem Geheiß des Veräußerers unterwirft, fehlt es an einem Rechtsscheinsträger. (Stichwort: ***objektiv kein Rechtsscheinträger***)
- Allein der gute Glaube an das Vorhandensein eines Rechtsscheinsträgers wird in unserer Rechtsordnung nie geschützt. Vielmehr muss der Rechtsscheintatbestand objektiv vorliegen. Deshalb ist der Rekurs auf den Empfängerhorizont unzutreffend. (Stichwort: ***kein Schutz guten Glaubens an Rechtscheinträger***)

28 Abhandenkommen durch veruntreuenden Besitzdiener

G
§ 935
Rn 8

E contrario § 935 I 2 BGB kommt dem Eigentümer eine Sache *nicht abhanden*, wenn dessen Besitz*mittler* (§ 868 BGB) die Sache gegen seinen Willen weggibt oder unterschlägt. Die gleiche Handlung des Besitz*dieners* (§ 855 BGB) hingegen bewirkt grundsätzlich Abhandenkommen: § 935 I 1 BGB. Streitig ist die Rechtslage im Grenzbereich:

Streitstand ⇨ **Ein Besitzdiener, der nach den Umständen vom Erwerber als unmittelbarer Besitzer angesehen werden darf, gibt die Sache ohne Einverständnis des Geschäftsherrn im eigenen Namen weg.**

a) Nichtabhandenkommens-Lösung

Ein Teil des Schrifttums hält die Sache auch in diesem Fall ***für nicht abhandengekommen***. § 935 I **1** BGB sei ***nicht*** einschlägig, wenn der Besitzdiener (= Nichtbesitzer, § 855 BGB) ***nach außen durch nichts von einem Besitzer zu unterscheiden*** ist und tatsächlich auf die Sache einwirken kann.

Argumente:

- § 935 BGB liegt die ratio zugrunde, dass dem Eigentümer der Rechtsverlust zumutbar ist, wenn er den ***Rechtsschein veranlasst*** hat, der für den Verfügenden spricht. Beim Besitzmittler wie beim Besitzdiener ist die Lage insoweit gleich: Der Eigentümer hat veranlasst, dass diese die ***faktische Gewalt*** über die Sache ausüben. (Stichwort: ***Veranlassungsprinzip***)
- Dass § 855 BGB den Besitzdiener als *Nichtbesitzer* bezeichnet, hindert die Gleichbehandlung von Besitzmittler und Besitzdiener i.R.v. § 935 BGB nicht. Denn § 855 BGB hat nur den Zweck, *Besitzschutzansprüche* des Besitzdieners auszuschließen. (Stichwort: ***Sinn u. Zweck 855***)
- Wenn äußerlich der Besitzdiener einem Besitzmittler gleichsteht, gilt beim ihm wie beim Besitzmittler, dass der Eigentümer das Veruntreuungsrisiko trägt. (Stichwort: ***gleiches Veruntreuungsrisiko***)

b) Theorie vom unfreiwilligen Besitzverlust

Überwiegend wird eine ***Gleichstellung*** von Besitzmittler und Besitzdiener ***abgelehnt***. Die Veruntreuung durch den Besitzdiener bewirke einen ***unfreiwilligen Besitzverlust*** des unmittelbaren Besitzers. Deshalb liege Abhandenkommen vor.

Argumente:

- Ob freiwilliger oder unfreiwilliger Besitzverlust vorliegt, richtet sich nach der Person des Besitzers. Das ist der Besitzherr, § 855 BGB. Auf den Besitzdiener *als Nichtbesitzer* kommt es nicht an. (Stichwort: ***Willensrichtung des Besitzers***)

- Daran ändert auch die Tatsache nichts, dass der Besitzdiener äußerlich nicht vom Besitzmittler zu unterscheiden ist. Das Vertrauen auf einen beim Veräußerer ***nur scheinbar*** gegebenen Besitz schützt das BGB nicht. (Stichwort: ***objektive Besitzlage***)
- Das Veranlasserprinzip wird nach dem differenzierten System des § 935 BGB aus Gründen der Rechtssicherheit nur typisiert berücksichtigt. Nur ***bestimmte Arten der Gefahrveranlassung*** schließen danach den redlichen Erwerb aus. Der Einsatz von weisungsabhängigen Besitzdienern gehört nicht dazu. (***typisiertes Veranlasserprinzip***)

Hinweise

- Anerkannt ist, dass wirksam übereignet wurde, wenn die Übereignung zwar *weisungswidrig*, aber im Rahmen eines Geschäfts erfolgte, für das der Besitzdiener ***Vertretungsmacht*** (etwa gemäß §§ 49 f., 54 f. oder 56 HGB) hatte. Dann fehlt es auch nicht etwa wegen Abhandenkommens an der Übergabe.
- Umstritten ist die Rechtslage, wenn die Sache dem unmittelbaren Besitzer abhandenkommt, **der nicht Besitzmittler** des Eigentümers ist. Diese Konstellation ergibt sich, wenn der Eigentümer rechtsunwirksam übereignet und die Sache beim Käufer gestohlen wird.
    - Nach einer Auffassung ist ***935 I 2 BGB analog*** anzuwenden. Dafür spreche, dass der unwirksam veräußernde Eigentümer nicht schlechter stehen dürfe, als wenn er wirksam, aber rechtsgrundlos veräußert hätte.
    - Gegen die Analogie spricht, dass der wesentliche Anknüpfungspunkt für das Schutzsystem des § 935 BGB ein verbleibender Besitz ist. ***Fehlt*** dem Eigentümer aber ***jeder Besitzrest***, fehlt es auch an der Normzweckübertragbarkeit als Analogievoraussetzung: Die Sachverhalte sind nicht vergleichbar.
- Die Weggabe einer Sache durch **Geschäftsunfähige** ist regelmäßig unfreiwillig, weil sie sich über die Bedeutung der Besitzweggabe kein zutreffendes Bild werden machen können. Bei **beschränkt Geschäftsfähigen** ist streitig, ob
    - auf §§ 107 ff. BGB analog abzustellen ist, oder
    - auf die natürliche Einsichtsfähigkeit des Minderjährigen. Für Letzteres spricht, dass Besitz ***eher faktische*** als rechtsgeschäftliche Position ist.

Literatur

Soergel/*Henssler* (2002), § 935 Rn. 8

29 Abhandenkommen bei Weggabe infolge widerrechtlicher Drohung

G
§ 935
Rn 5

Der Begriff des Abhandenkommens wird vom Element der *Unfreiwilligkeit des unmittelbaren Besitzverlustes* geprägt. Anerkannt ist, dass bei Besitzaufgabe infolge Täuschung oder Irrtum noch ein freiwilliger Besitzverlust vorliegt. Denn der beim Besitz maßgebliche Wille ist *allein tatsächlicher, nicht rechtsgeschäftlicher* oder rechtsgeschäftsähnlicher Natur. Umstritten ist die Rechtslage,

Streitstand ⇨ **wenn die Besitzaufgabe durch Drohung veranlasst wurde.**

a) Theorie der unwiderstehlichen physischen Gewalt

Nach der Rechtsprechung führt die durch Drohung veranlasste Besitzaufgabe ***nicht zum Abhandenkommen*** der Sache. ***Erst*** bei unwiderstehlichem physischen oder gleichstehendem seelischen Zwang sei Unfreiwilligkeit anzunehmen.

Argumente:

- Unfreiwillig bedeutet „ohne Willen", ***nicht aber „gegen den Willen"***. Bloße Drohungen haben keinen willensausschließenden Charakter. (Stichwort: ***„ohne" Willen***)
- Solange der Besitzer Für und Wider der Besitzaufgabe abwägen kann, tritt der Besitzverlust aufgrund einer ihm zurechenbaren ***tatsächlichen Willensbetätigung*** ein. (Stichwort: ***Abwägung impliziert Freiwilligkeit***)

b) Drohungstheorie

Überwiegend wird eine Sache bereits dann als ***abhandengekommen*** angesehen, wenn die Besitzaufgabe durch Drohung veranlasst wurde.

Argumente:

- Wenn dem Besitzer seine Zwangslage bewusst ist, wirkt sie sich auf den für den Besitz maßgeblichen natürlichen Herrschaftswillen aus. Bei Bewusstsein der Unfreiwilligkeit des Besitzverlustes liegt daher Abhandenkommen vor. (Stichwort: ***Bewusstsein der Zwangslage***)
- Es macht keinen Unterschied, ob der Besitzer durch Vorhalten einer Pistole oder mittels Drohung, sein Haus anzuzünden, zur Weggabe der Sache veranlasst wird. (Stichwort: ***Wertungseinklang***)

Hinweis

Aus der Rechtsnatur der Besitzweggabe als Realakt folgert die ganz überwiegende Auffassung auch, dass eine **Anfechtung der Übergabe** mit dem Ziel, den Besitzverlust zum unfreiwilligen zu machen, ***ausgeschlossen*** ist.

30 § 366 HGB bei Handeln des Kaufmanns im fremden Namen

G
Vor 929
Rn 7

Die §§ 932 ff. BGB schützen den guten Glauben des Erwerbers an das Eigentum des Veräußerers. § 366 HGB erweitert den bürgerlich-rechtlichen Redlichkeitsschutz, indem auch der *gute Glaube an die Verfügungsbefugnis* des nichtberechtigten Veräußerers, also daran, dass der Veräußerer vom Eigentümer gemäß § 185 BGB zur Verfügung ermächtigt wurde, geschützt wird. Umstritten ist,

Streitstand ⇨ **ob § 366 HGB auf den Fall auszudehnen ist, dass auf die Vertretungsmacht des Kaufmanns vertraut wird.**

a) Theorie der Überwindung mangelnder Vertretungsmacht

Nach überwiegender Auffassung überwindet § 366 HGB ***auch die fehlende Vertretungsmacht*** des Kaufmanns. § 366 HGB gelte auch für den Fall, dass der Kaufmann ***im fremden Namen*** handelt.

Argumente:

- Der Wortlaut von § 366 HGB hindert eine extensive Auslegung der Norm nicht, denn das HGB ***unterscheidet*** auch sonst ***nicht*** scharf zwischen ***Ermächtigung und Vollmacht***, etwa in §§ 49 I, 54 I, 56 und 125 I HGB. (Stichwort: ***keine begriffliche Schärfe im HGB***)
- In der Praxis des Handelsverkehrs ist häufig schwer festzustellen, ob der Verfügende im eigenen oder fremden Namen aufgetreten ist. Auch besteht ***kein Wertungsunterschied*** zwischen Eigenhändlern, die sich als Eigentümer ausgeben (§§ 932 ff. BGB), Kommissionsagenten, die als Verfügungsbefugte handeln (§ 366 HGB) und Handelsvertretern, die als Bevollmächtigte auftreten. (Stichwort: ***Wertungseinklang***)

b) Theorie vom Handeln im eigenen Namen

Teilweise wird vertreten, § 366 HGB überwinde keine Mängel d. Vertretungsmacht, sondern schütze nur den guten Glauben an die Verfügungsbefugnis.

Argumente:

- Der Wortlaut der Norm erfasst ***nur die Verfügung*** des nichtberechtigten Kaufmanns, nicht hingegen die vollmachtlose Vertretung des Eigentümers. (Stichwort: ***eindeutiger Wortlaut***)
- Für das Handelsrecht ***typisch*** und damit auch nur verkehrsschutzwürdig ist das Handeln des Kaufmanns ***im eigenen Namen***. (Stichwort: ***Leitmotiv des Kommissionärs***)
- Für Mängel der Vertretungsmacht ***genügen*** die Rechtsinstitute der ***Anscheins- und Duldungsvollmacht sowie § 56 HGB***. Diese Regeln gelten anders als § 366 HGB auch nicht nur für das dingliche Geschäft, sondern ***auch für das Grundgeschäft***.

Dort ist deshalb eine bereicherungsrechtliche Rückabwicklung – anders als bei § 366 HGB – ausgeschlossen. (Stichwort: ***Kondiktionsfestigkeit***)

Hinweise

- § 366 HGB ändert auch nach der überwiegenden Auffassung nichts an der ***Unwirksamkeit des zugrundeliegenden Verpflichtungsgeschäfts***. Dennoch wird vereinzelt die bereicherungsrechtliche Rückabwicklung des Erwerbs gemäß § 812 I 1, Fall 1 BGB mit dem Hinweis verneint, § 366 HGB bilde einen *Rechtsgrund* im Verhältnis zum Eigentümer, wenn der Erwerber seinerseits den vereinbarten Vertragspflichten nachkommt: § 366 HGB regele auch das Behaltendürfen. Der Eigentümer könne sich an den *falsus procurator* halten (§§ 687 II, 812, 823 BGB). Dagegen wird eingewandt, dass Wertungen des objektiven Rechts wie § 366 HGB nur im Rahmen der Nichtleistungskondiktion als Rechtsgrund fungieren können, nicht aber bei der hier allein relevanten Leistungskondiktion.
- Umstritten ist ferner, ob § 366 HGB auf **Scheinkaufleute** anwendbar ist. Dagegen spricht, dass der Rechtsnachteil von § 366 HGB nicht den Scheinkaufmann, sondern den ***unbeteiligten Dritteigentümer*** treffen würde. Dafür spricht, dass der wahre Eigentümer sein Recht ohne weiteres verloren hätte, wenn der Scheinkaufmann sich als Eigentümer ausgegeben hätte. Behauptet er lediglich seine Verfügungsmacht, bestehe im Verhältnis zum Eigentümer kein Unterschied.
- Früher sollte ein dem Vorbehaltsverkäufer vom Erwerber auferlegtes **Abtretungsverbot** (§ 399 Fall 2 BGB) den ***guten Glauben des Erwerbers ausschließen***: Ersichtlich geht der Erwerber dann nämlich davon aus, dass der Vorbehaltsverkäufer die Ware nur unter verlängertem Eigentumsvorbehalt erworben hat und die Kaufpreisforderung des Vorbehaltsverkäufers einer Vorauszession an dessen Lieferanten unterliegt. Da der Vorbehaltsverkäufer seine Verpflichtung zur Zession der Kaufpreisforderung nicht mehr erfüllen konnte, war nicht mehr davon auszugehen, dass der Vorbehaltsverkäufer noch zur Weiterveräußerung der Ware gemäß § 185 BGB ermächtigt ist. Diese Rechtsprechung dürfte ***wegen § 354a HGB*** *inzwischen* ***überholt*** sein, da die Vorauszession an den Vorbehaltslieferanten trotz Abtretungsverbot ***wirksam*** ist.
- Die Auswirkungen von **§ 899a BGB** auf die Vertretungsmacht für **schuldrechtliche Verpflichtungen der Gesellschaft bürgerlichen Rechts** ist ebenfalls streitig, nämlich ob der Rechtsschein auch eine für den Schuldvertrag fehlende Vertretungsmacht eines noch im Grundbuch eingetragenen früheren Gesellschafters ersetzt und ob §§ 892, 899a schuldrechtliche Auswirkungen haben, wenn ein hinzugetretener Gesellschafter mitwirkt, der noch nicht im Grundbuch eingetragener war. Für eine rein dingliche Wirkung wird auf die systematische Stellung von § 899a und die Bezugnahme auf §§ 892 ff. verwiesen. Andere folgern aus Sinn und Zweck der Vorschrift eine auch schuldrechtliche Wirkung. Eine vermittelnde Ansicht hält an der rein dinglichen Wirkung von § 899a fest, wendet aber allgemeine Rechtsscheingrundsätze auf den schuldrechtlichen Vertrag an.

Literatur

Reinicke, AcP 189 (1989), 79 ff.

Kiehnle, ZHR 174 (2010), 209, 227 f.

31 Der Rückerwerb des Nichtberechtigten

G
§ 932
Rn 17

Der gutgläubige Eigentumserwerb vom Nichtberechtigten führt zu *vollwertigem und endgültigem* Rechtserwerb. Will der einstige Eigentümer seine Rechtsposition zurückerlangen, kommt nur ein Erwerb vom neuen Berechtigten in Frage (sog. Außenverkehrsgeschäfte). Umstritten ist die Rechtslage für den Fall,

Streitstand ⇨ **dass die Sache an den Nichtberechtigten zurückfällt, weil das dem redlichen Erwerb zugrunde liegenden Kausalgeschäft rückabgewickelt wird** (Stichwort: Innenverkehrsgeschäfte).

a) Erwerb des Nichtberechtigten

Nach einer Auffassung erwirbt der frühere Nichtberechtigte bei der Rückabwicklung das ***Eigentum vom Berechtigten***, da dieser gutgläubig erworben hatte. Eine Herausgabepflicht des früheren Nichtberechtigten bestehe nur schuldrechtlich.

Argumente:

- Für einen automatischen Eigentumsrückfall an den früheren Eigentümer gibt es keinen gesetzlichen Anhaltspunkt. (Stichwort: ***keine Rechtsgrundlage***)
- Der frühere Eigentümer ist nicht mehr schutzwürdig, weil er seine Rechtsposition mit Eintritt des gutgläubigen Erwerbs vollständig verloren hatte. (Stichwort: ***Endgültigkeit des redlichen Erwerbs***)
- Das berechtigte Interesse des früheren Eigentümers kann gesetzeskonform gemäß §§ 280, 249; 823 I, 249 oder 816 I 1, 818 I BGB gewahrt werden (Stichwort: ***gesetzeskonforme schuldrechtliche Lösung***)

b) Restitutionstheorie

Überwiegend wird angenommen, dass die Rückabwicklung des Kausalgeschäfts zur ***Wiederherstellung der alten Eigentumslage*** führt. Eigentümer werde wieder der ursprüngliche Eigentümer, nicht der frühere Nichtberechtigte.

Argumente:

- Der Hinweis auf die Endgültigkeit des Rechtsverlustes durch redlichen Erwerb ist eine ***petitio principii***: Es geht gerade um die Frage, ob die §§ 892, 932 ff. BGB die Enteignung des Berechtigten so weit treiben, dass bei ***Wiederherstellung des status quo ante*** der Eigentumserwerb des Nichtberechtigten folgt. Diese Frage muss verneint werden:
- Die Gutglaubensvorschriften schützen ***nur Verkehrsgeschäfte***. Bei der Rückabwicklung des gutgläubigen Erwerbs hat aber gar kein Güterumsatz stattgefunden, weil es im Ergebnis an einem Außenverkehrsgeschäfts fehlt (Stichwort: ***kein Güterumsatz im Gesamttatbestand***). Deswegen besteht auch kein Verkehrsschutzin-

teresse, das die Beachtung der §§ 892, 932 ff. BGB rechtfertigen könnte. Vielmehr müssen diese Vorschriften teleologisch reduziert werden. (Stichwort: ***kein Verkehrsschutzinteresse***)

- Die bloß schuldrechtliche Verpflichtung des früheren Nichtberechtigten wird den schutzwürdigen Interessen des früheren Eigentümers nicht gerecht, weil die Sache infolge des Zwischenerwerbs dem Gläubigerzugriff des früheren Nichtberechtigten ausgesetzt ist. (Stichwort: ***Schutz vor Gefahren des Zwischenerwerbs***)
- Die Herstellung der *res integra* lässt sich ***auch im Liegenschaftsrecht*** durchführen: Der Nichtberechtigte erhält die Grundbucheintragung zurück, die er vorher hatte, also die Eintragung als Nichtberechtigter. Das Recht fällt an den zuvor Berechtigten zurück. (Stichwort: ***systemkonform auch bei Immobilien***)

Hinweise

Neben den Fällen der Rückgängigmachung wird der Rückerwerb durch den Nichtberechtigten in zwei weiteren Fällen relevant:

- Unter dem Stichwort „**mittelbar bösgläubiger Erwerb**" werden zwei Fälle diskutiert: In der ersten Variante übereignet der Nichtberechtigte selbst die Sache böswillig an einen gutgläubigen Dritten, um später von diesem das vollwertige Eigentum zurück zu erwerben. In der zweiten Variante hält der Böse einen gutgläubigen Vierten zum Erwerb vom Nichtberechtigten an, um danach selbst vom redlichen Vierten das vollwertige Eigentum zu erlangen. Jeweils stellt sich der oben dargestellte Meinungsstreit entsprechend dar. Zusätzlich kann man §§ 138, 826 BGB erwägen; sie werden jedoch überwiegend abgelehnt.
- Bei der **Sicherungstreuhand** kann der Treuhänder gutgläubig vom nichtberechtigten Treugeber unter den Voraussetzungen der §§ 932 ff. BGB erwerben. Mit Wegfall des Sicherungszwecks fällt regelmäßig das Sicherungseigentum ***nicht*** schon kraft Bedingungseintritt an den Treugeber zurück; vielmehr wird ein schuldrechtlicher Anspruch des Treugebers auf Rückübereignung gegen den Treuhänder fällig. Der obige Meinungsstreit wird dann ***erst bei Erfüllung dieser Verpflichtung*** relevant.

Literatur

Wilhelm, Sachenrecht (6. Auflage), Rn. 1017 ff. (bewegliche Sachen) und 729 (Immobilien)

32 Hersteller i.S.v. § 950 BGB bei Verarbeitungsklauseln

G
§ 950
Rn 6 ff

Eigentümer wird infolge Verarbeitung beweglicher Sachen der Hersteller, § 950 BGB. Das ist derjenige, in dessen Namen und wirtschaftlichem Interesse die Herstellung erfolgt, denn diesem wird nach der Verkehrsauffassung die Herstellung zugerechnet. In einem Betrieb ist deshalb der Unternehmer Hersteller, nicht der einzelne Mitarbeiter. Umstritten ist

Streitstand ⇨ **§ 950 BGB beim Eigentumsvorbehalt mit Verarbeitungsklausel.**

a) Abbedingungstheorie

Nach einer Auffassung hat § 950 BGB ***dispositiven Charakter***. Die Vorschrift sei mit Vereinbarung einer Verarbeitungsklausel abbedungen.

Argument:

- § 950 BGB will den ***Interessenkonflikt zwischen Stoffeigentümer und Verarbeiter*** lösen. Wo die Parteien eine solchen durch Vereinbarung ausgeschlossen haben, ist § 950 BGB nicht einschlägig.

b) Theorie des Herstellers kraft Verarbeitungsklausel

Überwiegend wird § 950 BGB ein ***zwingender Charakter*** beigemessen. Nach der Rechtsprechung führt jedoch eine Verarbeitungsklausel nach der Verkehrsanschauung dazu, dass der ***Vorbehaltsverkäufer Hersteller*** sei.

Argumente:

- Wie alle sachenrechtlichen Zuordnungsregeln kann auch der originäre Eigentumserwerb gemäß ***§ 950 BGB nicht schuldrechtlich modifiziert*** werden. (Stichwort: ***zwingendes Sachenrecht***)
- Aus der Verarbeitungsklausel folgt, dass der Vorbehaltsverkäufer die Warenproduktion ***objektiv vorfinanziert*** hat und damit das ***unternehmerische Risiko trägt***. Nach der Verkehrsanschauung ist er deshalb Hersteller der Sachen.

c) Theorie von der Anwendung der allgemeinen Regeln

Im Schrifttum wird überwiegend vertreten, dass weder § 950 BGB dispositiv sei noch der Hersteller anders als nach ***objektiven Kriterien*** unter Zugrundelegung der Verkehrsauffassung bestimmt werden könne. Danach spiele die Verarbeitungsklausel insoweit keine Rolle, als der ***Unternehmer Hersteller*** sei.

Argumente:

- Die sachenrechtliche Zuordnung durch § 950 BGB kann ausschließlich von ***objektiv erkennbaren Kriterien*** abhängen und nicht von Vereinbarungen zwischen Vorbehaltskäufer und -verkäufer. (Stichwort: ***Erkennbarkeit***)
- Die Verarbeitungswirkung nach § 950 BGB tritt bei einem nicht am Verarbeitungsvorgang Beteiligten nur ein, wenn dieser Außenstehende infolge ***wirtschaftlicher Tatsachen die Herstellerfunktion effektiv*** übernommen hat. Für diese Verlagerung genügt aber eine bloße Verarbeitungsklausel nicht, weil sie die Organisationshoheit des Unternehmers über den Produktionsprozess nicht berührt. (Stichwort: ***Organisationshoheit über Produktionsprozess***)
- § 950 BGB schützt auch die ***Interessen der Gläubiger des Verarbeiters*** sowie allgemein den Geschäftsverkehr, der darauf vertrauen können soll, dass das neu geschaffene Werk dem Hersteller gehört. Der Herstellerbegriff kann auch deshalb nicht von Vereinbarungen zwischen Unternehmer und Vorbehaltsverkäufer beeinflusst werden. (Stichwort: ***Dritt- und Verkehrsschutz***)

Hinweise

- Nach der allgemeinen Theorie wird die Verabredung eines verlängerten Eigentumsvorbehalts häufig als ***antezipierte Einigung und antezipiertes Besitzkonstitut*** auszulegen sein, §§ 929 S. 1, 930 BGB. Auch danach erlangt der Vorbehaltsverkäufer deshalb das Eigentum entsprechend der Verlängerungsabrede, jedoch ***nicht ohne Durchgangserwerb*** beim Vorbehaltskäufer.
- Eine **rein subjektive Theorie**, nach der die Herstellereigenschaft i.S.v. § 950 BGB rechtswirksam vereinbart werden könnte, wird heute kaum noch vertreten. Jedoch kommt die Rechtsprechung dieser sehr nahe, indem sie der Parteivereinbarung maßgebliche Bedeutung für die Verkehrsanschauung beimisst.

Literatur

Wilhelm, Sachenrecht (6. Auflage), Rn. 1073 ff.

33 Schuldrechtliche Rückgabeansprüche nach Eigentumserwerb durch Ersitzung

G Vor 937 Rn 2

An beweglichen Sachen findet originärer Eigentumserwerb durch *zehnjährigen, fortgesetzten gutgläubigen Eigenbesitz* statt, § 937 I, II BGB. Der Erwerb ist dinglich wie bei § 932 BGB nicht nur vollwirksam, sondern auch endgültig. Anerkannt ist auch, dass eine Eingriffskondiktion gegen den Ersitzungserwerber ebenso wenig in Betracht kommt wie gegen den redlichen Erwerber. Hat der Ersitzende die Sache *unwirksam vom Eigentümer erworben* und ist zudem *auch der Rechtsgrund unwirksam*, stellt sich die umstrittene Frage,

Streitstand ⇨ **ob der frühere Eigentümer sein verlorenes Recht im Wege der Leistungskondiktion, § 812 I 1, Fall 1 BGB, zurückfordern kann.**

a) Theorie der Leistungskondiktion

Verbreitet ist die Ansicht, dass der Ersitzungserwerber dem Eigentümer aus Leistungskondiktion haftet.

Argumente:

- Auch der Erwerbsmodus der Ersitzung bedarf eines schuldrechtlichen Rechtsgrundes. (***keine Vermögensverschiebung ohne Rechtsgrund***)
- Auch im Fall wirksamer Übereignung wäre der Bereicherungsanspruch gegeben. § 937 BGB kann aber kein stärkeres Recht als eine wirksame Übereignung verschaffen. (***keine Privilegierung des Doppelmangels***)

b) Theorie des endgültigen Erwerbs

Ein Teil der Literatur sieht in der Ersitzung einen ***materiellen Eigentumserwerbsgrund endgültiger Art***. Selbst wenn dem Eigenbesitz des Ersitzungserwerbers ein fehlgeschlagener Leistungstatbestand zugrunde liegt, ***scheide eine Leistungskondiktion aus***.

Argumente:

- Nur durch endgültigen Erwerb können Sinn und Zweck von § 937 BGB, nämliche eine dauernde Beruhigung der Rechtslage zu schaffen, verwirklicht werden. (Stichwort: ***Sinn und Zweck: Rechtsberuhigung***)
- Wenn das Gesetz Kondiktionsansprüche des „Verlierenden" gegen den „Gewinnenden" zulassen will, sind diese ***gesetzlich angeordnet***, etwa in § 951 BGB und § 977 BGB. (Stichwort: ***e contrario 951, 977***)

Hinweis

Selbst wenn man eine Leistungskondiktion zulassen will, ist dieser Anspruch wegen § 199 IV BGB ***regelmäßig bereits undurchsetzbar***, weil verjährt.

34 Gutgläubiger Fruchterwerb nach § 955 BGB bei abhanden gekommener Muttersache

G
§ 955
Rn 4

Nach § 955 BGB erwirbt – vorbehaltlich der §§ 956, 957 BGB – der gutgläubige Besitzer der Muttersache Eigentum an abgetrennten Früchten. Umstritten ist, ob

Streitstand ⇨ **der redliche Besitzer auch Früchte einer abhanden gekommenen Muttersache erwirbt, wenn die Früchte bereits als ungetrennte Teile der Muttersache beim Abhandenkommen vorhanden waren.**

a) Theorie der analogen Anwendung von § 935 BGB

Teilweise wird die Auffassung vertreten, dass § 935 BGB auf den redlichen Fruchterwerb i.S.v. § 955 BGB entsprechend ***anwendbar*** sei.

Argument:

- Wenn die Frucht im Zeitpunkt des Abhandenkommens der Muttersache schon *in nuce* existierte, ist ***auch sie abhandengekommen***, so dass der Regelungsgedanke von § 935 BGB einschlägig ist.

b) Unanwendbarkeitstheorie

Ganz überwiegend wird eine analoge Anwendung von § 935 BGB auf § 955 BGB ***abgelehnt***.

Argumente:

- § 935 BGB soll dem Eigentümer einer abhanden gekommenen Sache nur ***deren Substanz*** erhalten. Die Nutzungen stehen aber dem gutgläubigen Besitzer ***gemäß § 993 I, HS 2 BGB*** zu (Stichwort: ***Fruchtbehaltungsrecht***).
- Im Fruchtbehaltungsrecht, § 993 I, HS 2 BGB, des gutgläubigen unrechtmäßigen Besitzers liegt gerade ein Ausgleich dafür, dass er wegen § 935 BGB nicht redlich Eigentum erwerben konnte. (Stichwort: ***Minimalform des redlichen Erwerbs***)
- Die analoge Anwendung von § 935 BGB würde zu ***erheblicher Rechtsunsicherheit*** führen, da häufig nicht feststellbar ist, ob die Frucht im Zeitpunkt des Abhandenkommens bereits im Keim angelegt war oder nicht.

Literatur

Soergel/*Henssler* (2002), § 955 Rn. 5

Sicherungsrechte an beweglichen Sachen

Nach der gesetzlichen Konzeption ist das Pfandrecht gemäß §§ 1204 ff. BGB das zentrale Sicherungsrecht an beweglichen Sachen. In der Praxis haben diese Normen vor allem für das gesetzliche Pfandrecht gemäß § 1257 BGB und das Pfändungspfandrecht Relevanz. ***Das Vertragspfandrecht ist weitgehend von der Sicherungsübereignung und dem Eigentumsvorbehalt verdrängt worden.***

Kein Sicherungsrecht, sondern ein Nutzungsrecht ist der Nießbrauch (§§ 1030 ff. BGB), der gemäß § 1032 BGB auch an beweglichen Sachen bestellt werden kann. Dieses beschränkt dingliche Recht ist eine persönliche Dienstbarkeit. Es ist unveräußerlich gemäß § 1059 S. 1 BGB und unvererblich gemäß § 1061 S. 1 BGB. Der Nießbrauch ist hier nicht zu behandeln.

Es folgen Diskussionen zu Pfandrechten und zum Anwartschaftsrecht, das mit Sicherungseigentum und Vorbehaltskauf verbunden ist. Im Einzelnen:

35 Rechte des Sicherungseigentümers in der Einzelzwangsvollstreckung

G
§ 930
Rn 34

Der Sicherungseigentümer sieht sich der Gefahr ausgesetzt, dass ungesicherte Gläubiger des Sicherungsgebers ***in das Sicherungsgut vollstrecken***. Denn bei der Pfändung durch den Gerichtsvollzieher gemäß § 808 ZPO kommt es nur auf den Gewahrsam an, während die Eigentumsverhältnisse unberücksichtigt bleiben. Umstritten ist,

Streitstand ⇨ **welche Abwehrrechte dem Sicherungseigentümer in dieser Situation zustehen.**

a) Abgesonderte Befriedigung gemäß § 805 ZPO

Teilweise wird vertreten, dass der Sicherungseigentümer nur abgesonderte Befriedigung gemäß § 805 ZPO verlangen könne; ihm stehe hingegen ***kein Interventionsrecht*** nach § 771 ZPO zu.

Argument:

- Auch im Insolvenzverfahren steht dem Sicherungseigentümer kein Aussonderungsrecht (§ 47 InsO) zu, weil die Sicherungsübereignung dem Sicherungsnehmer ***nur ein Vorzugsrecht*** zum Nachteil anderer Gläubiger einräumen soll. Ebenso bietet daher § 805 ZPO in der Einzelzwangsvollstreckung dem Sicherungsnehmer ***ausreichend Schutz***. (Stichwort: ***Sicherungseigentum ähnelt wirtschaftlich Pfandrecht***)

b) Lehre vom Interventionsrecht gemäß § 771 ZPO

Überwiegend wird die Auffassung vertreten, der Sicherungseigentümer könne durch Erhebung der Drittwiderspruchsklage gemäß § 771 ZPO die Zwangsvollstreckung in das Sicherungsgut ***für unzulässig erklären lassen***.

Argumente:

- Der Sicherungseigentümer ist ***rechtlich „voller" Eigentümer*** und als solcher in der Einzelzwangsvollstreckung auch zu behandeln.
- In der Einzelzwangsvollstreckung ist eine von der Gesamtvollstreckung in das Vermögen des Schuldners ***abweichende Bewertung*** gerechtfertigt: Der Sicherungseigentümer hat hier ein ***Interesse*** daran, die Verwertung des Sicherungsgutes zu verhindern, damit der Schuldner – der ja nicht insolvent ist – es weiterhin ***wirtschaftlich nutzen*** kann, um aus diesem ***Ertrag*** den Gläubiger zu befriedigen. (Stichwort: ***Ertragsinteresse des Sicherungseigentümers***)
- Dem Sicherungsnehmer darf keine andere Verwertungsart aufdrängt werden, als ihm nach dem Sicherungsvertrag zukommt: Das ist die ***eigene Verwertung*** und nicht nur die Beteiligung an der Verwertung durch das Vollstreckungsorgan. (Stichwort: ***Verwertungsmodus nur nach Sicherungsvertrag***)

Hinweise

- In der **Insolvenz des Sicherungsgebers** steht dem Sicherungsnehmer nur ein Absonderungsrecht gemäß §§ 51 Nr. 1, 50 InsO zu. Er wird wie ein Pfandgläubiger behandelt und kann das Sicherungsgut nicht wie ein Eigentümer aus der Masse aussondern. Der Sicherungseigentümer wird auf die Auskehr des um die Verwertungskosten geminderten Verwertungserlös' beschränkt, §§ 170 I, 171 InsO.
- Beim **verlängerten Eigentumsvorbehalt** steht dem Vorbehaltsverkäufer nach überwiegender Auffassung ***kein Interventionsrecht*** zu, wenn die Kaufsache bereits verarbeitet oder weiterveräußert ist. Anders als beim einfachen Eigentumsvorbehalt oder beim Sicherungseigentum ***fehlt dem Sicherungsgeber hier jedes Sachinteresse***; ihm kommt es nur auf die pfandähnliche Sicherungswirkung an. Deshalb ist er im Fall der Einzelzwangsvollstreckung in das Sicherungsgut auf § 805 ZPO beschränkt.

Literatur

Reinicke/Tiedtke, DB 1994, 2601

36 Gutgläubiger Zweiterwerb des Anwartschaftsrechts des Vorbehaltskäufers

G
§ 929
Rn 46

Der Problemkreis des gutgläubigen Zweiterwerbs von Anwartschaftsrechten betrifft drei Fälle: (1) die Übertragung nicht bestehender, (2) nicht so bestehender und (3) nicht dem Verfügenden zustehender Anwartschaftsrechte auf redliche Dritte. Ihnen ist gemeinsam, dass der nichtberechtigte Veräußerer *sich nicht als Eigentümer, sondern als Inhaber einer Anwartschaft* ausgibt. Jedenfalls im Fall (2), aber auch im Fall (1) wird ein Gutglaubensschutz ganz überwiegend *abgelehnt* (s.u. die Hinweise). Streitig ist

Streitstand ⇨ **die Möglichkeit eines redlichen Anwartschaftserwerbs durch Übertragung eines zwar bestehenden, aber nicht dem Verfügenden zustehenden Anwartschaftsrechts (3).**

a) Unmöglichkeit des redlichen Anwartschaftserwerbs

Teilweise wird der gutgläubige Erwerb bestehender Anwartschaftsrechte auch in diesem Fall ***abgelehnt***.

Argumente:

- Eine durch schuldrechtliche Komponenten mitbestimmte Rechtsposition wie die Anwartschaft eignet sich insgesamt nicht für einen redlichen Erwerb. (Stichwort: ***schuldrechtliche Komponenten***)
- Im Recht der beweglichen Sachen findet redlicher Erwerb nur vom Besitzer statt, der ***behauptet, Eigentümer*** zu sein (§§ 932 ff., 1032 S. 2, 1207 f. BGB). Wer dem Erwerber gegenüber einräumt, nicht Eigentümer der Sache zu sein, sondern nur Inhaber eines Anwartschaftsrechts, ***zerstört den Rechtsschein des Besitzes***. Ein Vertrauen auf die bloßen Erklärungen des Veräußerers wird nicht geschützt. (Stichwort: ***kein Vertrauensschutz für „Gerede***")
- Der Erwerber ist auch nicht schutzwürdig, weil er sich beim Vorbehaltsverkäufer ***erkundigen*** kann, ob die Angaben des vermeintlichen Anwartschaftsberechtigten zutreffen. (Stichwort: ***keine Schutzwürdigkeit des Erwerbers***)

b) Redlicher Anwartschaftserwerb

Überwiegend wird für richtig gehalten: Besteht die Forderung tatsächlich, deren Erfüllung Bedingung für den Vollrechtserwerb ist, könne das Anwartschaftsrecht gutgläubig analog §§ 932 ff. BGB erworben werden.

Argumente:

- Der ***Rechtsschein des Besitzes*** spricht ***für das jeweilige dingliche Recht***, das der Besitzer für sich in Anspruch nimmt: Das Anwartschaftsrecht als ***dem Eigentum wesensgleiches Minus*** kann hinsichtlich des Rechtsscheintatbestandes nicht anders als das Eigentum selbst behandelt werden. (Stichwort: ***Rechtsnatur des Anwartschaftsrechts***)

- Die Abhängigkeit des Anwartschaftsrechts von der Forderung steht einem redlichen Erwerb ebenso wenig entgegen wie bei der Hypothek, solange der gute Glaube das dingliche Recht betrifft. (Stichwort: ***Akzessorietät kein Hindernis wie bei Hypothek***)
- Da ein gutgläubiger lastenfreier Erwerb des Anwartschaftsrechts anerkannt ist, wäre es widersprüchlich, wollte man den redlichen Erwerb der Anwartschaft selbst ablehnen. (Stichwort: ***Vergleich redlicher lastenfreier Anwartschaftserwerb***)

Hinweise

- Überträgt jemand ein Anwartschaftsrecht unter **Vorspiegelung eines anderen Inhalts der Anwartschaft** (2), wird das Anwartschaftsrecht vom redlichen Dritten nach ***fast einhelliger Auffassung*** so erworben, wie es ***tatsächlich*** besteht. Das bedeutet, dass der Erwerber zum Bedingungseintritt den ***objektiv*** ausstehenden Betrag zahlen muss. Der gute Glaube an das Bestehen eines Anwartschaftsrechts in bestimmter Höhe steht dem an die Höhe der noch ausstehenden Kaufpreisforderung gleich. Der gute Glaube an den Bestand einer bestimmten Forderung wird aber nicht geschützt. Ebenso wenig existiert daher ein Gutglaubensschutz hinsichtlich des obligatorischen Teils des Anwartschaftsrechts. Das folgt auch aus einem ***Gegenschluss aus § 1138 BGB***: Bei der Hypothek gibt es den redlichen Erwerb aufgrund guten Glaubens an die Forderung. § 1138 BGB ist aber als Ausnahmevorschrift nicht analogiefähig, zumal es an einem dem Grundbuch vergleichbaren Rechtsscheinträger für die Forderung beim Vorbehaltskauf fehlt. Die ***vereinzelte Gegenauffassung*** verweist auf § 1007 III 1 BGB, der allgemein von der Möglichkeit gutgläubigen Erwerbs verdinglichter Rechte ausgehe. Dagegen wird argumentiert, § 1007 BGB habe nur die Bedeutung, dem Besitzer oder seinem Hintermann die Möglichkeit der Ersitzung von Eigentum (§ 937 BGB) oder Nießbrauch (§ 1033 BGB) zu bewahren.
- Diese Erwägungen gelten für die Übertragung eines in Wirklichkeit nicht bestehenden Anwartschaftsrechts (1) entsprechend.

Literatur

Lux, Jura 2004, 145

37 Aufhebung des übertragenen Anwartschaftsrechts

G
§ 929
Rn 50

Umstritten ist, ob durch

Streitstand ⇨ **nachträgliche Änderung des Vorbehaltskaufvertrages die Position des Zweiterwerbers des Anwartschaftsrechts beeinträchtigt werden kann.**

a) Verfügungstheorie

Teilweise wird vertreten, dass jede Änderung des Kaufvertrags als Verfügung über das Anwartschaftsrecht der Zustimmung des Zweiterwerbers bedürfe.

Argument:

- Eine ***Rechtsausübung zu Lasten Dritter ist unzulässig***.

b) Theorie der Privatautonomie

Teilweise wird vertreten, dass die Parteien nicht dadurch in ihrer Gestaltungsfreiheit des Schuldverhältnisses beeinträchtigt werden, dass ein darauf beruhendes Anwartschaftsrecht auf einen Zweiterwerber übertragen wurde.

Argument:

- Dem Anwartschaftsrecht ist die ***Abhängigkeit*** vom schuldrechtlichen Vertrag ***immanent***. Der Erwerber erhält nur eine ***mit dieser Schwäche belastete Rechtsposition***. Eine Veränderung des Schuldverhältnisses ist daher *keine Beeinträchtigung* der Rechtsposition des Erwerbers.

c) Differenzierende Lösung: Willküreinschränkungstheorie

Die Rechtsprechung differenziert: Der Vorbehaltskäufer könne seine ***Rechte aus dem Kaufvertrag ohne Zustimmung*** des Erwerbers wahrnehmen. Unzulässig seien einverständliche oder willkürliche Änderungen des Kaufvertrags zu Lasten des Anwartschaftsrechts außerhalb der Abwicklung des Grundgeschäfts.

Argumente:

- Einer Zustimmung des Erwerbers vor Ausübung der dem Vorbehaltskäufer aus dem Kaufvertrag zustehenden Rechte bedarf es nicht, da ***diese*** Rechte das Anwartschaftsrecht von Anfang an schwächen und der Erwerber von vornherein nur das insoweit geschwächte Anwartschaftsrecht erlangt.
- Abänderungen des Grundgeschäfts, die ***ihren Grund nicht im Kaufvertrag*** haben und eine unmittelbare inhaltliche Änderung oder Aufhebung des Anwartschaftsrechts zum Nachteil des Zweiterwerbers herbeiführen, sind ***Verfügungen ohne Verfügungsbefugnis***. Denn ***insoweit*** hat sich der Vorbehaltsverkäufer durch Übertragung des Anwartschaftsrechts ***seiner Rechtszuständigkeit begeben***.

38 Schutz des Anwartschaftsrechts gegenüber Dritten

G
§ 929
Rn 43

Für schuldhaft rechtswidrige Beschädigungen einer Sache, an der ein Anwartschaftsrecht besteht, kommen als Ersatzberechtigte gemäß § 823 I BGB dem Grunde nach sowohl Eigentümer als auch Anwartschaftsrechtsinhaber in Betracht. Denn das Anwartschaftsrecht des Vorbehaltskäufers ist als „sonstiges Recht" i.S.v. § 823 I BGB anerkannt. Umstritten ist,

Streitstand ⇨ **wer den Anspruch in welcher Höhe geltend machen kann.**

a) Teilungstheorie

Nach der Rechtsprechung stehen Eigentümer und Anwartschaftsberechtigtem getrennte Ansprüche aus § 823 I BGB zu, und zwar der Höhe nach ***im Verhältnis der bereits gezahlten Raten***.

Argumente:

- Eigentümer und Anwartschaftsberechtigter sind jeder für sich ***Inhaber absoluter Rechte***.
- Der Eigentümer bedarf des Ersatzanspruchs nur soweit sein Sicherungsbedürfnis reicht, also wie Raten noch nicht gezahlt wurden. (Stichwort: ***Begrenzung auf Sicherungsinteresse***) Durch eine entsprechende Schadensaufteilung wird der Schuldner ***vor doppelter Inanspruchnahme geschützt***.

b) Theorie der Gläubigergemeinschaft

Überwiegend wird ***sowohl*** dem Eigentümer ***als auch*** dem Anwartschaftsberechtigten ein Schadenersatzanspruch ***in voller Höhe*** zuerkannt. Es bestehe einfache Gläubigermehrheit analog §§ 432, 1011, 1077, 1281, 2039 BGB. Der Schuldner habe an Anwartschaftsberechtigten und Eigentümer ***gemeinschaftlich*** zu leisten.

Argumente:

- Der Schaden kann nicht zwischen Eigentümer und Anwartschaftsberechtigtem aufgeteilt werden: Letzterer bleibt nämlich ***in voller Höhe gemäß § 446 S. 1 BGB*** zur Zahlung der ausstehenden Kaufpreisraten an den Eigentümer verpflichtet. Für die systemgerechte Lösung, dem Anwartschaftsberechtigten den vollen Ersatzanspruch und dem Eigentümer daran nur ein ***Pfandrecht*** zur Sicherung seiner Restkaufpreisforderung einzuräumen, fehlt jedoch eine gesetzliche Grundlage. (Stichwort: ***Regelungslücke***)
- Um sowohl den Sicherungsinteressen des Eigentümers als auch dem Kompensationsinteresse des Anwartschaftsinhabers Rechnung zu tragen, ist die ***Verdopplung der Rechtszuständigkeit*** für den Schadenersatzanspruch am ehesten sachgemäß. (Stichwort: ***beste Behelfslösung***)

- Dem ***Schädiger ist nicht zuzumuten, aufzuklären***, in welcher Höhe bereits Raten gezahlt wurden. Auch deshalb bestehen keine zwei sich ergänzende Ansprüche, sondern besteht gemeinschaftliche Gläubigerschaft hinsichtlich eines ***einheitlichen*** Schadenersatzanspruchs.

Hinweise

- Der Anspruch auf **Nutzungsersatz** gemäß §§ 987 / 812 BGB steht dem ***Anwartschaftsberechtigten allein*** zu, da er im Verhältnis zum Eigentümer allein nutzungsberechtigt ist.
- Wie beim Substanzschaden sind hingegen die **Rechtsfortwirkungsansprüche** aus § 816 I 1 BGB bzw. § 812 I 1, Fall 2 BGB zu behandeln.
- Weiterhin ist der Vorbehaltskäufer nach §§ 1007, 861 BGB geschützt. Ebenso nach §§ 1004, 985 BGB.

Literatur

Biletzki, JA 1996, 288

39 Anwartschaftsrecht als dingliches Recht zum Besitz i.S.v. § 986 I 1 BGB

G
§ 986
Rn 3

So, wie vom Nichtberechtigten Volleigentum kraft guten Glaubens erworben werden kann, ist der redliche Erwerb eines Anwartschaftsrechts möglich, wenn der Vorbehaltsverkäufer sich *als Eigentümer* ausgibt. (Stichwort: *gutgläubiger Ersterwerb des Anwartschaftsrechts*) Bis zum Vollrechtserwerb mit Bedingungseintritt stellt sich die Frage,

Streitstand ⇨ **ob bereits das Anwartschaftsrecht des redlichen Vorbehaltskäufers diesem ein dingliches Recht zum Besitz i.S.v. § 986 I 1 BGB gibt.**

a) Dinglichkeitstheorie

Häufig wird vertreten, dass das Anwartschaftsrecht ein ***dingliches Recht zum Besitz*** der Vorbehaltsware verkörpere.

Argumente:

- Das Anwartschaftsrecht ist ein dem Eigentum ***wesensgleiches Minus***. Mit Übertragung des Anwartschaftsrechts hat der Vorbehaltskäufer daher auch das im Eigentum ***enthaltene Recht zum Besitz*** *erlangt*.
- Der Vorbehaltskäufer wird beim Erwerb des Anwartschaftsrechts in seinem guten Glauben geschützt, um ihm den ***Vollrechtserwerb*** zu ***ermöglichen***. Zur geschützten bedingten Übereignung gehört die Besitzübertragung. Diese ist ebenso endgültig wie die bedingte Übereignung insgesamt. (Stichwort: ***konsequenter Gutglaubensschutz***)

b) Besitzrechtsverneinende Theorie

Nach der Rechtsprechung gibt das Anwartschaftsrecht des Vorbehaltskäufers diesem ***kein gegenüber jedermann wirkendes Besitzrecht***. Der gutgläubige Erwerber der Eigentumsanwartschaft müsse die Sache bis zum Bedingungseintritt an den Eigentümer herausgeben.

Argumente:

- Die Anwartschaft soll den Eigentumserwerb sichern. Dafür ist ein ***fortbestehender Besitz nicht erforderlich***, zumal die Übergabe der Sache gemäß § 929 S. 1 BGB bereits stattgefunden hatte. Das Interesse des Eigentümers muss daher hinsichtlich des Besitzes nicht hinter dem des Anwartschaftsinhabers zurücktreten. (Stichwort: ***Eigentumserwerb ohne fortbestehenden Besitz***)
- Der Vorbehaltskäufer ist nicht schutzwürdig, da er jederzeit durch Kaufpreiszahlung den Bedingungseintritt und damit den Vollrechtserwerb herbeiführen kann. (Stichwort: ***keine Schutzwürdigkeit***)

40 Pfändung des Anwartschaftsrechts

G
§ 929
Rn 53 ff

Streitstand ⇨ **Umstritten ist, wie die Pfändung des AnwartschaftsrechtsUm zu erfolgen hat.**

a) Rechtspfändung

Teilweise wird zur Pfändung des Anwartschaftsrechts eine ***Rechtspfändung*** gemäß §§ 857, 828 ff. ZPO insgesamt für ausreichend gehalten.

Argumente:

- Das Anwartschaftsrecht ist ein ***Recht***, dessen Pfändung nach §§ 828 f. ZPO vom Vollstreckungsgericht durch Pfändungsbeschluss vorgenommen wird. (Stichwort: ***Anwartschaft als Recht***)
- Das am Anwartschaftsrecht begründete Pfändungspfandrecht setzt sich analog §§ 1287, 1281 f. BGB, § 847 ZPO nach Bedingungseintritt am Eigentum des Käufers fort. (Stichwort: ***dingliche Surrogation***)

b) Doppelpfändung

Ganz überwiegend – insbesondere auch von der Rechtsprechung – wird eine ***doppelte Pfändung*** für nötig gehalten: Die Anwartschaft werde im Wege der Rechtspfändung gemäß §§ 857, 828 ff. ZPO gepfändet, das künftige Sacheigentum sei im Wege der Sachpfändung gemäß §§ 803 ff. ZPO zu pfänden.

Argumente:

- Ein Pfandrecht am Anwartschaftsrecht kann sich bei Bedingungseintritt nur dann rangwahrend in ein solches an der Sache umwandeln, wenn die ***erforderliche Publizität*** geschaffen wird. Deshalb ist die ***Sachpfändung zusätzlich*** zur Rechtspfändung zwingend.
- Die Doppelpfändung führt zu interessengerechten Ergebnissen, weil derjenige, der frühzeitig in das Anwartschaftsrecht vollstreckt, gegenüber ***späteren Pfändungen der Sache geschützt*** ist.

c) Rechtspfändung in der Form der Sachpfändung

Teilweise wird auch vertreten, dass die Vollstreckung in Anwartschaftsrechte als Rechtspfändung lediglich ***in der Form der Sachpfändung*** zu erfolgen habe.

Argumente:

- Durch Inbesitznahme der Sache und Kenntlichmachung der Pfändung wird dem ***Publizitätserfordernis genügt***.
- Der ***Aufwand einer Doppelpfändung wird vermieden***, weil ohne zusätzliche Rechtspfändung der Vollstreckungsschuldner bereits das Recht, über sein Anwartschaftsrecht zu verfügen, verloren hat.

41 Das Flaschenpfand bei nichtindividualisiertem Leergut

Überbl v § 1204 Rn. 7

Individualisiertes Leergut ist durch eine Prägung oder einen Aufdruck der Herstellerfirma äußerlich deutlich erkennbar. Bei ihm wird überwiegend angenommen, dass der *Hersteller das Eigentum an der Verpackung behält* und jeweils allein der Verpackungsinhalt gemäß § 929 S. 1 BGB durch Einigung und Übergabe übereignet wird. Bei *standardisiertem Leergut* unbestimmt vieler Hersteller hingegen geht das Eigentum an den Flaschen regelmäßig auf jeder Vertriebsstufe bis zum Endverbraucher über. Umstritten ist,

Streitstand ⇨ **wie das Flaschenpfand in diesem Fall rechtlich zu qualifizieren ist.**

Das hängt von der *„schuldrechtlichen Lage“* ab.

a) Barkaution

Häufig wird ein Darlehensvertrag oder ein ***darlehensähnlicher Vertrag*** zugrunde gelegt. Das Flaschenpfand sei in diesem Fall ein ***irreguläres Pfandrecht*** in Form einer Barkaution.

Argument:

- Der Händler hat einen ***Rückgabeanspruch*** gegen den Kunden, der durch das zusätzlich gezahlte Geld ***gesichert*** werden soll. Nach dem Parteiwillen soll der Händler aber nicht genau die übereigneten Geldzeichen bis zu deren Rückgabe verwahren. Deshalb handelt es sich beim Flaschenpfand um ein ***irreguläres Pfandrecht***.

b) Rückkaufspflicht

Für sachgerecht wird andererseits gehalten, dass die ***Flaschen dem Kunden mitverkauft*** werden und der Verkäufer zum Rückkauf verpflichtet ist. Das Flaschenpfand stelle ein Entgelt für nicht zurückgegebene Flaschen dar. Es habe den Charakter eines ***Kaufpreises*** und nicht den eines Pfandrechts.

Argument:

- Bei standardisiertem Leergut ergibt sich aus der ***Interessenlage*** von Händler und Kunde, dass eine Rückgewährpflicht der Flaschen nicht bestehen soll: Das Kundeninteresse am Nichtbestehen einer Rückgabepflicht ist offensichtlich. Dem Händler liegt es schon aus wirtschaftlichen Erwägungen fern, etwaige Schadenersatzansprüche wegen möglicher Verletzungen von Rückgabepflichten geltend zu machen. Gibt der Kunde Flaschen nicht zurück, erleidet der Händler auch ***keinen Nachteil***: Ihm verbleibt das für die Flasche gezahlte Entgelt.

42 Gutgläubiger Zweiterwerb eines Pfandrechts

G
§ 1250
Rn 1

Das Pfandrecht wird durch Abtretung gemäß §§ 398, 1250, 401 BGB übertragen. Besteht eine Forderung, die nur *vermeintlich* durch ein Pfandrecht gesichert ist, erwirbt der Zessionar jedenfalls die Forderung, und zwar vom Berechtigten. Umstritten ist, ob er in diesem Fall auch

Streitstand ⇨ **das Pfandrecht kraft guten Glaubens vom Nichtberechtigten erwirbt.**

a) Gutglaubenstheorie

Früher wurde die Auffassung vertreten, dass der gutgläubige Zessionar ein Pfandrecht erwerbe, wenn ihm auch die Pfandsache übergeben wird.

Argumente:

- So, wie bei der Sicherungshypothek als ebenfalls streng akzessorischem Sicherungsrecht der gute Glaube an das Bestehen der Hypothek gemäß § 892 BGB geschützt wird, ist der gute Glaube des Zessionars an das Bestehen des Pfandrechts schutzwürdig. (Stichwort: ***Sicherungshypothek***)
- Durch Übergabe der Pfandsache streitet dafür auch der Rechtschein des Besitzes für den redlichen Erwerb. (Stichwort: ***Rechtsschein des Besitzes***)

b) Verneinende Lösung

Ganz überwiegend wird ein gutgläubiger Erwerb eines nichtbestehenden Pfandrechts ***abgelehnt***.

Argumente:

- Nach dem System des BGB kommt ein gutgläubiger Erwerb nur dort in Betracht, wo er ***gesetzlich zugelassen*** wurde oder ein entsprechender Vertrauenstatbestand besteht. Eine gesetzliche Grundlage gibt es nicht, denn § 1207 BGB schützt nur den guten Glauben an das Eigentum des Verpfänders. (Stichwort: ***keine gesetzliche Grundlage***)
- Auch ein sonstiger Vertrauenstatbestand fehlt: Für das Bestehen der Sicherungshypothek spricht der Rechtsschein des Grundbuchs. Aus dem Besitz an einer beweglichen Sache ergibt sich aber kein Rechtschein für das Bestehen eines Pfandrechts, sondern ***nur eine Vermutung für Eigentum***. Hinsichtlich des Eigentums ist der Erwerber des vermeintlichen Pfandrechts aber bösgläubig. (Stichwort: ***kein Rechtsschein für Pfandrecht***)

Literatur

Soergel/*Habersack* (2001), § 1250 Rn. 6

43 Gutgläubiger Erwerb gesetzlicher Besitzpfandrechte

G
§ 1207
Rn 1

Rechtsgeschäftliche Pfandrechte können vom Eigentümer gemäß §§ 398, 1250, 401 BGB erworben werden, aber auch vom nichtberechtigten Verpfänder kraft guten Glaubens gemäß §§ 1207, 932 ff. BGB. Umstritten ist,

Streitstand ⇨ **ob ein gesetzliches Besitzpfandrecht, insbesondere das Werkunternehmerpfandrecht (§ 647 BGB), gutgläubig erworben werden kann.**

a) Redlicher Erwerb analog § 1207 BGB

Teilweise wird vertreten, dass auch gesetzliche Besitzpfandrechte gutgläubig erworben werden können, §§ 1207, 932 ff. BGB analog.

Argumente:

- Der Wortlaut des § 1257 BGB („entstandenes" Pfandrecht) schließt ***nur die unmittelbare*** Anwendung von § 1207 BGB aus, nicht jedoch eine Analogie. (Stichwort: ***Wortlaut offen für Analogie***)
- § 366 III HGB geht davon aus, dass besitzgebundene gesetzliche Pfandrechte gutgläubig erworben werden können: Nur dann macht es Sinn, dass die Vorschrift den Gutglaubensschutz auf den guten Glauben ***an die Verfügungsbefugnis*** des Auftraggebers ***ausweitet***. (Stichwort: ***366 III HGB***)
- Die Interessenlage ist bei gesetzlichen Besitzpfandrechten nicht anders als bei rechtsgeschäftlichen Pfandrechten. (Stichwort: ***Interessenlage***) Auch typisiert § 647 BGB nur, was vernünftige Parteien ohnehin ***rechtsgeschäftlich vereinbart*** hätten. (Stichwort: ***gesetzlich typisiertes Vertragspfandrecht***)

b) Ablehnende Lösung

Insbesondere die Rechtsprechung lehnt einen gutgläubigen Erwerb gesetzlicher Pfandrechte ab.

Argumente:

- § 1257 BGB erfasst ausdrücklich nur bereits „entstandene" Pfandrechte. Die Regeln über die Entstehung des Pfandrechts einschließlich ***§ 1207 BGB wurden bewusst ausgeklammert***. (Stichwort: ***Wortlaut e contrario***)
- § 366 III HGB ist eine ***handelsrechtliche Spezialregelung***. Sie erlaubt keinen Rückschluss auf § 1257 BGB.
- Als Rechtsscheingrundlage für einen gutgläubigen Pfandrechtserwerb genügt nicht bloßer Besitzerwerb. Erforderlich ist zusätzlich eine Verpfändungserklärung ***des Verfügenden***. Der Besteller einer Werkleistung behauptet aber nicht notwendig, Eigentümer des zu reparierenden Gegenstandes zu sein. (Stichwort: ***kein hinreichender Rechtsscheintatbestand***)

Hinweise

- Anerkannt ist, dass ein redlicher Erwerb bei **gesetzlichen Einbringungspfandrechten**, etwa beim Vermieterpfandrecht gemäß § 562 I BGB, nicht stattfindet.
- Die Rechtsprechung wendet „zum Ausgleich" ihrer ablehnenden Haltung zum redlichen Erwerb gesetzlicher Besitzpfandrechte die §§ 994 ff. BGB rückwirkend auf die Zeit noch berechtigten Besitzes an, siehe **STREITSTAND 5 (HINWEISE)**.
- Umstritten ist die Zulässigkeit **formularmäßiger Vereinbarungen eines Pfandrechts** an den in Reparatur gegebenen Sachen.
    - Die Rechtsprechung votiert ***für die Zulässigkeit***.
    - Gegen diese Rechtsprechung wird vorgetragen, sie komme einer sittenwidrigen Aufforderung zu rechtswidrigem Verhalten gleich. Denn die Verpfändungsklausel betreffe angesichts des gesetzlichen Unternehmerpfandrechts vor allem fremdes Eigentum. Deshalb werden Pfandklauseln teilweise gemäß § 138 I BGB für nichtig gehalten, teilweise wird die Gutgläubigkeit des Werkunternehmers verneint.

Literatur

Staudinger/*Peters* (2019), § 647 Rn. 15 f.

44 Erwerb des Werkunternehmerpfandrechts, § 647 BGB, kraft Ermächtigung

G
§ 1257
Rn 2

Umstritten ist, ob ein Werkunternehmerpfandrecht erworben wird, wenn

Streitstand ⇨ **der Eigentümer den Werkbesteller ermächtigt hatte, erforderliche Reparaturen ausführen zu lassen.**

a) Ermächtigungstheorie

Teilweise wird vertreten, dass der Werkunternehmer ***analog §§ 185 I, 183 BGB*** ein Werkunternehmerpfandrecht (§ 647 BGB) an der bestellerfremden Sache erwirbt, wenn der Eigentümer den Besteller zur Reparaturbeauftragung ermächtigt hatte.

Argumente:

- Aus § 366 III HGB folgt, dass die Hingabe der Sache an den Werkunternehmer als Verfügung gedeutet werden kann und die Erteilung der Befugnis dazu deshalb als Verfügungsermächtigung analog § 185 BGB. (Stichwort: ***Verfügungsähnlichkeit, arg. 366 III HGB***)
- Dem Eigentümer kann nicht durch Einschaltung eines Dritten die Möglichkeit gegeben werden, seine Sache pfandfrei reparieren zu lassen. (Stichwort: ***keine pfandfreie Reparatur***)
- Eine unzulässige Verpflichtungsermächtigung läge nur dann vor, wenn der Eigentümer durch die analoge Anwendung von §§ 185 I, 183 BGB persönlich zur Erfüllung der Werklohnforderung verpflichtet würde. Er braucht jedoch nur die Pfandhaftung seiner Sache zu dulden. (Stichwort: ***keine persönliche Haftung***)

b) Ablehnende Theorie

Die Rechtsprechung hat auch die Begründung eines Werkunternehmerpfandrechts an bestellerfremden Sachen gemäß § 185 I BGB analog abgelehnt. Diese Vorschrift sei ***auf Reparatureinwilligungen nicht anwendbar***.

Argumente:

- Der *Besitz*übertragung fehlt Verfügungscharakter hinsichtlich des *Eigentums*, so dass § 185 BGB nicht anwendbar ist. (Stichwort: ***keine Verfügung***)
- Die Konstruktion eines Werkunternehmerpfandrechts kraft Einwilligung in die Reparatur läuft auf eine unzulässige Verpflichtungsermächtigung hinaus. Eine Verpflichtung Dritter durch Handeln im eigenen Namen ist unserer Rechtsordnung fremd. (Stichwort: ***unzulässige Verpflichtungsermächtigung***)
- Die Ermächtigungskonstruktion vermischt gesetzliche und rechtsgeschäftliche Pfandrechte unzulässig und führt zu einem unzulässigen Pfandrechtserwerb nach § 647 BGB unabhängig von der Eigentumslage. (***Vermischung und Umgehung***)

45 Rückgabeanspruch gemäß § 1223 I BGB nach unberechtigter Verpfändung

G
§ 1223
Rn 1

Der Pfandgläubiger muss die Pfandsache nach Erlöschen des Pfandrechts dem Verpfänder zurückgeben, § 1223 I BGB. Umstritten ist,

Streitstand ⇨ **ob dem Rückgabeanspruch des nichtberechtigten Verpfänders aus § 1223 I BGB sein fehlendes Besitzrecht gegenüber dem Eigentümer der Pfandsache entgegensteht.**

a) Analoge Anwendung von § 986 I 2 BGB

Teilweise wird die Auffassung vertreten, der Verpfänder könne analog § 986 I 2 BGB ***nur noch Herausgabe an den Eigentümer*** verlangen, wenn er diesem gegenüber kein Recht zum Besitz mehr habe.

Argumente:

- Wenn das Pfandrecht erloschen ist, gebührt dem ***Schutz des*** vom Verpfänder verschiedenen ***Eigentümers*** Vorrang.
- Wenn der Verpfänder neben dem Eigentümer widerrechtlich Herausgabe der Sache an sich selbst fordert, kann sich der Pfandgläubiger durch ***Streitverkündung*** gemäß §§ 72, 76 ZPO sichern.

b) Schutz des Pfändungsgläubigers

Insbesondere die Rechtsprechung vertritt, dass der Pfandgläubiger die Pfandsache ***immer an den Verpfänder herauszugeben*** habe. Eine Begrenzung dieser Rückgabepflicht könne sich nur unter besonderen Umständen nach Treu und Glauben ergeben.

Argumente:

- § 986 I 2 BGB ist auf § 1223 I BGB auch nicht analog anwendbar. Schon nach dem Wortlaut sind die Ansprüche aus § 1223 I BGB und § 985 BGB verschieden: „dem *Verpfänder* zurückzugeben" lässt keinen Raum für Dritte im Gegensatz zu „Herausgabe der Sache verlangen". (Stichwort: ***Wortlaut***)
- Der Pfandgläubiger braucht sich um das Besitzrecht des Verpfänders nicht zu kümmern. (Stichwort: ***Schutz des Pfandgläubigers***) Dem würde es widersprechen, wenn die Rückgabe der Sache an den Verpfänder wegen § 986 I 2 BGB analog rechtswidrig wäre und Ersatzansprüche des Eigentümers aus §§ 989, 990 BGB auslösen könnte.

Literatur

Soergel/*Habersack* (2001), § 1223 Rn. 4

Allgemeines Grundstücksrecht

Im Liegenschaftsrecht kann die Rechtsordnung die Legitimation des Veräußerers nicht an den Besitz knüpfen, weil nach den heutigen Verhältnissen zu viele Grundstücke im Besitz von Nichteigentümern kraft Miete und Pacht sind. Diese Funktion übernimmt ein ***staatliches Register***, das Grundbuch. Es gibt Auskunft über dingliche Rechtsverhältnisse am Grundstück, insbesondere über die Eigentümer. Dadurch wird ***Verkehrsschutz*** bewirkt, denn jede rechtsgeschäftliche Rechtsänderung an Grundstücksrechten bedarf zu ihrer Wirksamkeit der Eintragung im Grundbuch.

Die Richtigkeits- und Vollständigkeitsgarantie ist der öffentliche Glaube des Grundbuchs. Unrichtigkeit und Unvollständigkeit des Grundbuchs sind für den Berechtigten wiederum wegen §§ 892 f., 900 f. BGB gefährlich. Er kann daher Grundbuchberichtigung gemäß § 894 BGB verlangen.

Im Folgenden sind Fragen um das Grundbuch und den redlichen Erwerb von Grundeigentum zu bearbeiten:

46 Vermutung der früheren Richtigkeit des Grundbuchs gemäß § 891 I BGB

G
§ 891
Rn 6

Die positiven Vermutungen des § 891 I BGB erfassen einerseits den objektiven *Bestand* des eingetragenen Rechts, andererseits die subjektive *Berechtigung* des Eingetragenen. Umstritten ist jedoch

Streitstand ⇨ **der Zeitpunkt der Vermutung.**

a) Gegenwärtigkeit

Früher war anerkannt, dass die Vermutungen des § 891 I BGB nur für die ***jeweils gegenwärtige*** Rechtsinhaberschaft des Eingetragenen gelten. (Stichwort: ***Vermutung folgt der Gegenwart***) Nicht hingegen sollte vermutet werden, dass dem Eingetragenen ein früher eingetragenes Recht bis zu seiner Löschung zugestanden hat.

Argumente:

- § 891 BGB enthält keine § 1006 II BGB entsprechende Regelung. (Stichwort: ***1006 II-Vergleich***)
- Die Löschung einer Eintragung kann zwar aufgrund einer Rechtsänderung erfolgen. Denkbar ist aber auch, dass sie ihren Grund gemäß § 894 BGB in einer Grundbuchberichtigung hat. Eine ***falsche Eintragung rechtfertigt nach Löschung keinerlei Vermutung*** mehr. Für eine Differenzierung der Vermutungswirkung nach dem Grund der Löschung bietet § 891 BGB aber keinen Anhalt. (Stichwort: ***Möglichkeit des 894***)

b) Zeitlich umfassende Vermutungswirkung

Überwiegend wird vertreten, dass die Vermutung des § 891 BGB nicht nur den gegenwärtigen Rechtszustand umfasse, sondern ***auch dessen zeitlichen Beginn*** mit Eintragung im Grundbuch.

Argumente:

- Die Beschränkung des § 891 I BGB auf eine ***Jetztwirkung nimmt der Vorschrift ihre praktische Bedeutung*** für alle Rechtsfragen, bei denen es auf die Rechtsinhaberschaft zu einem bestimmten Zeitpunkt ankommt. Diese Auslegung ist sachwidrig. (Stichwort: ***vernünftiger Regelungsgehalt***)
- Eine Löschung durch Grundbuchberichtigung gemäß § 894 BGB zwingt nur zu der Annahme, dass in ***diesem*** Fall die Vermutung widerlegt ist. Daraus folgt aber nicht, dass § 891 I BGB grundsätzlich keine Vermutung für den Bestand des gelöschten Rechts für die Dauer seiner Eintragung begründet. (Stichwort: ***894 widerlegt nur Vermutung***)

47 Gelöschter Widerspruch und redlicher Erwerb

G
§ 899
Rn 6

Anerkannt ist, dass ein aufgrund wirksamer Verzichtserklärung gelöschter Widerspruch seine Wirkungen jedenfalls für die Zukunft (vgl. unten den Hinweis) verliert. Die Rechtsfolgen sind umstritten, wenn

Streitstand ⇨ **der Widerspruch zu Unrecht gelöscht wird und der Erwerber deren Unrechtmäßigkeit kennt.**

a) Formale Inexistenz

Nach einer Auffassung kommt es nicht darauf an, ob die Löschung des Widerspruchs materiell unberechtigt oder formell-grundbuchrechtlich ordnungswidrig erfolgte. Ein gelöschter Widerspruch könne ***redlichen Erwerb nicht hindern***.

Argumente:

- Der Widerspruch hat den alleinigen Zweck, den öffentlichen Glauben des Grundbuchs zu zerstören. Dieser kann aber nur erreicht werden, wenn und ***solange*** der Widerspruch ***verlautbart*** ist. (Stichwort: ***Zweck des Widerspruchs***)
- Der Widerspruch wirkt gemäß §§ 892 I 1, 900 I 3 BGB nur, wenn er eingetragen ist. Widerspruchswirkungen außerhalb des Grundbuchs sind dem BGB fremd. (Stichwort: ***konstitutives Eingetragensein***)

b) Normative Redlichkeit

Überwiegend wird vertreten, dass der zu Unrecht gelöschte Widerspruch gegenüber dem Erwerber wirkt, der die Unrechtmäßigkeit der Löschung kennt. Damit ***scheide ein redlicher Erwerb aus***.

Argumente:

- Der zu Unrecht gelöschte Widerspruch wirkt auch außerhalb des Grundbuchs fort. Die Wirkungen seiner Eintragung werden gegenüber den Personen konserviert, die die Unrechtmäßigkeit der Austragung kennen. (Stichwort: ***Konservierung der Widerspruchswirkung***)
- Diese Personen sind ***nicht schutzbedürftig***.

Hinweis

Streitig ist, ob die Aufhebung eines begründeten Widerspruchs durch Verzicht des Berechtigten **zurückwirkt**, so dass für alle zwischenzeitlichen Verfügungen redlicher Erwerb möglich wird. *Dagegen* spricht, dass die rückwirkende Änderung der dinglichen Rechtslage kraft privatautonomer Entscheidung einer gesetzlichen Grundlage bedürfte; *dafür* die fehlende Schutzbedürftigkeit des Berechtigten.

48 Bedeutung von § 892 BGB für das Eintragungsverfahren

G
§ 892
Rn 1

Der gutgläubige Erwerb nach §§ 892 f. BGB vollzieht sich mit Eintragung des Erwerbers in das Grundbuch. Umstritten ist,

Streitstand ⇨ **ob das Grundbuchamt den Eintragungsantrag des redlichen Erwerbers zurückweisen darf, wenn es die Unrichtigkeit des Grundbuchs erkennt.**

a) Zurückweisung

Nach früher ganz überwiegender Auffassung soll die Richtigkeitsvermutung des ***§ 892 BGB nicht für das Eintragungsverfahren*** gelten. Wenn der Grundbuchbeamte die Unrichtigkeit des Grundbuchs kennt, habe er den Eintragungsantrag von Amts wegen zurückzuweisen.

Argumente:

- Die §§ 892 f. BGB ermöglichen im Verkehrsinteresse redlichen Erwerb, ***wenn es zu diesem kommt***. Sie beinhalten aber ***keinen Anspruch*** des Erwerbers auf einen ***materiell nicht gerechtfertigten*** Erwerb.
- Das Grundbuchamt darf ***nicht wissentlich zum Schaden*** des wahren Berechtigten einen Rechtsverlust durch gutgläubigen Erwerb herbeiführen. (Stichwort: ***Schutz des materiell Berechtigten***)
- Wegen Art. 14 GG ist eine restriktive Handhabung des § 892 BGB geboten, weil der gutgläubige Erwerb der Sache nach wie eine Enteignung des Berechtigten wirkt. (Stichwort: ***Enteignung***)

b) Eintragungspflicht

Im Vordringen ist die Auffassung begriffen, dass der Grundbuchbeamte den Eintragungsantrag ***nicht zurückweisen*** darf.

Argumente:

- Der Konflikt zwischen Erwerbsinteresse des Rechtsverkehrs und Beharrungsinteresse des Eigentümers ist ***in §§ 892 f. BGB zugunsten des Erwerbs*** gelöst. Das Grundbuchamt darf sich über diese Entscheidung des Gesetzgebers nicht hinwegsetzen. (Stichwort: ***Maßgeblichkeit 892***)
- § 892 II BGB schützt das Vertrauen des Antragstellers auf Vollendung seines Erwerbs, damit er ***gefahrlos die Gegenleistung erbringen*** kann. Diesem Normzweck stehen Zurückweisung des Eintragungsantrags oder Abweichungen vom Erledigungsgebot nach §§ 17, 45 GBO entgegen. (Stichwort: ***Vertrauensschutz durch Erledigungsgebot***)

Hinweis

Eine parallele Diskussion gibt es beim **Erwerbsverbot (§§ 135, 136 BGB analog)**: Von der überwiegenden Auffassung wird das von der Rechtsprechung erfundene Erwerbsverbot analog § 938 II ZPO anerkannt. Es dient vor allem dazu, die Heilung formunwirksamer Grundstückskaufverträge gemäß § 311b I 2 BGB infolge Eintragung des Erwerbers zu verhindern.

- Das Erwerbsverbot soll nach überwiegender Auffassung ein von Amts wegen zu beachtendes ***Eintragungshindernis*** darstellen, also eine Grundbuchsperre bewirken, nachdem es dem Grundbuchamt zugestellt wurde. Es gelte ***selbst dann***, wenn Eintragungsantrag und Eintragungsbewilligung ***bereits vor Erlass*** des Erwerbsverbots beim Grundbuchamt eingegangen waren. ***§ 878 BGB sei nicht einschlägig***, weil das Verbot nicht die Verfügungsbefugnis des Veräußerers betreffe, sondern die „Erwerbsmacht" des Verfügungsbegünstigten beeinträchtige. Es sei daher bei § 20 GBO anzusiedeln.
- Dagegen wird auf die ***gesetzliche Wertung in §§ 878, 892 II BGB*** hingewiesen. Dem Käufer sollen aus verzögerlicher Erledigung seines Eintragungsantrags beim Grundbuchamt keine Nachteile entstehen. Insbesondere § 878 BGB beruhe auf dem Gedanken, dass mit Erfüllung der Eintragungsvoraussetzungen das Eintragungsverfahren ohne Beachtung nachträglicher Veränderungen durchzuführen sei. Dem Erwerbsverbot seien daher Wirkungen nur solange beizumessen, wie der Käufer seinen Eintragungsantrag noch nicht gestellt hat.

Literatur

Lenenbach, NJW 1999, 923 zum guten Glauben des Grundbuchamts

Staudinger/*Kesseler* (2020), § 888 Rn. 125 ff. zum Erwerbsverbot

Knöringer, Die Assessorklausur im Zivilprozess, unter § 27 III 4.

49 Arglisteinrede aus § 826 BGB gegen gutgläubigen Erwerb gemäß § 892 I 1 BGB

G
§ 892
Rn. 24

Die Gutgläubigkeit des Erwerbers i.R.v. § 892 I 1 BGB ist dann ausgeschlossen, wenn er positive Kenntnis von der Unrichtigkeit des Grundbuchs hat. Dem kann grobe Fahrlässigkeit nicht gleichgestellt werden. Jedoch wird überwiegend unter Hinweis auf *§ 162 BGB analog* angenommen, dass dem Erwerber positive Kenntnis zu unterstellen ist, wenn er *sich böswillig der Buchunrichtigkeit verschließt*. Umstritten ist, ob

Streitstand ⇨ **die Rechtsfolgen des gutgläubigen Erwerbs darüber hinaus durch einen Schadenersatzanspruch gemäß § 826 BGB korrigiert werden können.**

a) Arglisteinrede

Überwiegend wird eine aus § 826 BGB abgeleitete Arglisteinrede befürwortet, wenn folgende 3 Voraussetzungen erfüllt sind: Der Erwerber hat (1) in Kenntnis einer möglichen Unrichtigkeit des Grundbuchs (das ist ein Weniger gegenüber böswilligem Verschließen vor der Buchunrichtigkeit) und (2) im Bewusstsein einer möglichen Schädigung des wahren Berechtigten und (3) in einer gegen die guten Sitten verstoßenden Weise einen nach § 892 BGB wirksamen Erwerb herbeigeführt.

Argument:

- Unter Abwägung der gegenläufigen Interessen von Erwerber und Eigentümer ist es in diesen Ausnahmefällen angezeigt, von dem Grundsatz, dass man sich unbedingt auf das Grundbuch soll verlassen können, abzurücken. (Stichwort: ***Schutzbedürftigkeit des Eigentümers, Interessenabwägung***)

b) Restriktive Theorie

Ein Rekurs auf § 826 BGB wird teilweise auch abgelehnt.

Argumente:

- Die bewusste gesetzgeberische Entscheidung, die subjektiven Voraussetzungen des gutgläubigen Erwerbs i.R.v. § 892 I 1 BGB minimal zu halten, darf nicht auf einem Umweg umgangen werden. (Stichwort: ***Umgehung 892 I 1***)
- Gerade abweichend von § 932 BGB schadet dem Erwerber gemäß § 892 I 1 BGB nur positive Kenntnis. Dieser Unterschied darf nicht eingeebnet werden. (Stichwort: ***Unterschied 932-892***)

Literatur

Staudinger/*Picker* (2019), § 892 Rn. 162 f.

50 Anwartschaftsrecht des Auflassungsgläubigers

G
§ 925
Rn 23 ff

Umstritten ist, ob und wenn ja

Streitstand ⇨ **unter welchen Voraussetzungen dem Auflassungsempfänger ein Anwartschaftsrecht zusteht.**

a) Eintragungsantrag des Erwerbers

Überwiegend wird dem Auflassungsempfänger ein Anwartschaftsrecht zugesprochen, sofern die ***dingliche Einigung bindend*** geworden ist (§ 873 II BGB) und der ***Erwerber*** den Antrag auf Eintragung beim Grundbuch gestellt hat (§ 13 GBO).

Argumente:

- Auch ohne Eintragung im Grundbuch hat der Erwerber gemäß ***§§ 130 II, 873 II, 878 BGB, §§ 17, 45 GBO*** eine gesicherte Erwerbsposition erlangt, die es dem Veräußerer nicht mehr einseitig ermöglicht, seine Eintragung und den Eigentumserwerb zu verhindern. (Stichwort: ***gesicherte Erwerbsposition***)
- Insbesondere kann der ***Verkäufer*** den vom Erwerber nach § 13 GBO ***gestellten Eintragungsantrag nicht zurücknehmen***.

b) Sicherung durch Vormerkung

Teilweise wird ein Anwartschaftsrecht des Auflassungsempfängers nur befürwortet, wenn zu seinen Gunsten eine ***Eigentumsvormerkung*** eingetragen wurde.

Argumente:

- Auch wenn die bindende Einigung mit einem Eintragungsantrag des Erwerbers kombiniert wird, ist sein Rechtserwerb nicht gesichert: Das Grundbuchamt kann etwa den ***Antrag zu Unrecht gemäß § 18 I 1 GBO zurückweisen*** und einem zweiten Antrag stattgeben. Denkbar ist auch, dass das Grundbuchamt das Prioritätsprinzip, § 17 GBO, missachtet. (Stichwort: ***Fehler des Grundbuchamts***) Eine Position, die durch Verfahrensfehler des Grundbuchamts in sich zusammenfällt, ist ***kein dem Eigentum vergleichbares subjektives Recht***.
- Das ***Sicherungsinteresse*** des Käufers ist beim Grundstückserwerb ***gesetzlich berücksichtigt***: Aufgrund der Sicherungswirkung der ***Vormerkung*** können weder Veräußerer noch Dritte den Rechtserwerb verhindern. Für die Konstruktion eines Anwartschaftsrechts aus Auflassung ***fehlt*** es damit an einer ***Regelungslücke***.

c) Kein Anwartschaftsrecht des Erwerbers

Teilweise wird ein Anwartschaftsrecht des Auflassungsempfängers auch ***generell abgelehnt***. Insbesondere ergebe sich aus der Auflassungsvormerkung kein solches Recht.

Argumente:

- Ein Anwartschaftsrecht des vormerkungsgesicherten Anspruchs führt zu ***unauflösbaren Widersprüchen***: Die Auflassungsanwartschaft könnte nach § 925 BGB als wesensgleiches Minus zum Eigentum übertragen werden. Allerdings geht § 401 BGB davon aus, dass die Übertragung des vormerkungsgesicherten Anspruchs nach § 398 BGB erfolgt. (Stichwort: ***Übertragungskonflikt mit Vormerkung***)

- Die Verdinglichung des vormerkungsgesicherten Auflassungsempfängers beruht ***allein auf den gesetzlichen Wirkungen der Vormerkung***, nicht jedoch auf einer Erhöhung dieser Position zu einem Anwartschaftsrecht. (Stichwort: ***Verdinglichung nur Vormerkungswirkung***)

Hinweis

Der Auflassungsempfänger kann seine Rechtsposition ohne eigene Zwischeneintragung im Grundbuch auf einen Dritten übertragen. (Stichwort: ***Kettengeschäfte***)

- In der Auflassung des Veräußerers gegenüber dem Erstkäufer liegt regelmäßig eine konkludente Einwilligung zur Weiterveräußerung des Grundstücks gemäß § 185 I BGB. Mit Eintragung des Zweiterwerbers vollzieht sich der Eigentumsübergang beim Veräußerer: Direkterwerb.

- Sofern man ein Anwartschaftsrecht des Auflassungsempfängers bejaht, kann auch dieses – außerhalb des Grundbuchs aber in der Form des § 925 BGB – übertragen werden. Die schuldrechtliche Verpflichtung zur Übertragung des Auflassungsanwartschaftsrechts bedarf der Form des § 311b I BGB.

Literatur

J. Hager, JuS 1991, 1

Grundpfandrechte

Realsicherheiten an Grundstücken sind ***Hypothek, Grundschuld, Rentenschuld und Schiffpfandrecht***. Sie beschränken die Rechtsmacht des Eigentümers und belasten sein Eigentum (– und nicht, wie in §§ 1113, 1191, 1199 BGB suggeriert, das Grundstück).

Es handelt sich um ***besitzlose Pfandrechte***. Sie sind regelmäßig Briefpfandrecht, §§ 1116 I, 1192 I BGB (Stichwort: ***Verkehrsfähigkeit***), nur ausnahmsweise Buchpfandrecht, §§ 1116 I, II 1, 1192 I BGB. Die Hypothek ist akzessorisch, die Grundschuld nicht. Deshalb hat in der Praxis die Grundschuld hervorragende Bedeutung. Die Hypothek ist hingegen wegen ihres Charakters als Regelungsmodell von hohem didaktischen Interesse. Nachfolgend sind beide Pfandrechte zu erörtern:

51 Hypothekarische Sicherung von Bereicherungsansprüchen

G
§ 1113
Rn 9

Die Hypothek sichert eine bestimmte Vertragsforderung, § 1113 I BGB. Die *Auswechselung der gesicherten Forderung* ist rechtsgeschäftlich gemäß § 1180 BGB möglich, und in §§ 1164, 1173 II; 1174; 1182 S. 1 BGB angeordnet. Umstritten ist, ob darüber hinaus ein Bereicherungsanspruch gesichert wird, der bei *Unwirksamkeit der gesicherten Forderung an deren Stelle* tritt. Im Ausgangspunkt dieses Problems ist anerkannt, dass der Bereicherungsanspruch gesichert wird, wenn ein entsprechender Parteiwille vorliegt. Unterschiedlich wird beurteilt,

Streitstand ⇨ **ob dieser Parteiwille vermutet werden kann.**

a) Vermutungslösung

Teilweise wird ein ***regelmäßiger Wille*** zur Sicherung von Bereicherungsansprüchen angenommen, falls die vertragliche Forderung nicht entsteht.

Argumente:

- Gesichert ist der bestimmte, auf konkret-faktisch spezifizierte ***Leistung*** gerichtete Anspruch, ***nicht dessen besondere Begründung***. (Stichwort: ***Sicherungswille***)
- Auch eine **erloschene Auflassungsvormerkung** kann nach der Rechtsprechung ohne Grundbuchberichtigung genutzt werden, um einen neu begründeten Übereignungsanspruch zwischen den Parteien zu sichern.

b) Strenge Theorie

Ein genereller Parteiwille zur Sicherung von Ersatzansprüchen kann ***nicht vermutet*** werden nach anderer Auffassung.

Argumente:

- Nach dem sachenrechtlichen Bestimmtheitsgrundsatz scheidet aus, die gesicherte Forderung durch Mutmaßungen zu spezifizieren. (Stichwort: ***Bestimmtheitsgrundsatz***)
- Gegenstand der Hypothek kann nur eine ***einzige*** Forderung sein. Eine Hypothek kann ***nicht wahlweise zwei*** *Forderungen*, je nach Wirksamkeitshindernis, sichern. (Stichwort: ***unzulässige Alternativsicherung***)

Hinweis

Streitig ist ferner, ob die Bestellung einer sog. **Ausfallhypothek** zulässig ist. Deren Sicherungswirkung tritt erst ein, falls die Haupthypothek erlischt. Für die Zulässigkeit spricht, dass die ***Sicherungswirkung nicht kumulativ***, sondern zeitlich alternativ eintritt; dagegen, dass bei mehreren Hypotheken für eine Forderung deren Abtretung gemäß ***§ 1154 BGB ihre Eindeutigkeit verliert***, weil nicht immer klar wäre, welche Hypothek übergehen soll.

52 „Nachziehen“ der Forderung bei forderungsentkleideter Hypothek

G
§ 1153
Rn 2

Die Hypothek ist ein dingliches Recht zur Sicherung einer Forderung und in Entstehung und Bestand von dieser abhängig. Der gutgläubige Dritte kann eine im Grundbuch eingetragene Hypothek gemäß §§ 1138, 892 BGB auch dann erwerben, wenn die gesicherte *Forderung gar nicht besteht*. Dann ist anerkannt, dass der gutgläubige Erwerber Hypothekengläubiger wird, *nicht jedoch Forderungsgläubiger*. Wenn die *Forderung zwar besteht*, aber nicht zugunsten des im Grundbuch eingetragenen Scheinhypothekars, erwirbt der Gutgläubige die Hypothek ebenfalls gemäß §§ 1154, 1153, 1138, 892 BGB. Umstritten ist

Streitstand ⇨ **die weitere Zuordnung der in diesem Fall existenten Forderung.**

a) Nachziehen der Forderung

Verbreitet ist die Auffassung, dass mit Abtretung der Forderung durch den Scheinhypothekar nicht nur die Hypothek kraft guten Glaubens übergehe, sondern ***auch die gesicherte Forderung***.

Argumente:

- Nach § 1153 II BGB können Forderung und Hypothek nicht voneinander getrennt werden. Deshalb muss das Akzessorietätsprinzip in diesem Fall umgekehrt werden, so dass die ***Forderung der Hypothek nachfolgt***. (Stichwort: ***1153 II bedingt Umkehr der Akzessorietät***)
- Personenverschiedenheit zwischen Hypothekar und Forderungsinhaber begründet die Gefahr mehrfacher Inanspruchnahme des Eigentümer-Schuldners. Im Interesse des ***Schuldnerschutzes*** ist daher der gutgläubige Forderungserwerb ausnahmsweise zuzulassen. (Stichwort: ***Gefahr mehrfacher Inanspruchnahme für Schuldner***)
- Dass der Schuldner auf die Forderung nur Zug um Zug gegen Übertragung der Hypothek zu leisten braucht, schützt ihn nicht hinreichend, da er ***im Augenblick der Inanspruchnahme*** die Rechtslage möglicherweise nicht kennt. (Stichwort: ***Schuldnerschutz bei Unkenntnis***)

b) Trennung von Forderung und Hypothek

Dass die ***Trennung*** von Forderung und Hypothek ***hinzunehmen*** sei, ist eine im Vordringen begriffene Auslegung des Gesetzes.

Argumente:

- Da der gutgläubige Forderungserwerb gesetzlich ausgeschlossen ist, der gutgläubige Hypothekenerwerb aber möglich, erweist sich die Trennung von Forderung und Hypothek als ***unvermeidbare Konsequenz der gesetzlichen Konzeption***. (Stichwort: ***kein gutgläubiger Forderungserwerb***)

- Das Akzessorietätsprinzip umzudrehen, widerspricht dem Grundcharakter der Hypothek, § 1153 I BGB. Aus Absatz 2 dieser Vorschrift ergibt sich nur die Nichtigkeit eines *Rechtsgeschäfts*, das auf Abtretung der Hypothek ohne Mitübertragung der Forderung gerichtet ist. Einer Trennung infolge der *gesetzlichen* Regelung steht die Vorschrift nicht entgegen. (Stichwort: ***1153 II als Verbot der Trennung durch Rechtsgeschäft***)
- Das wesentliche Argument der Einheitstheorie, nämlich die Gefahr doppelter Inanspruchnahme des Schuldners, trägt nicht (Stichwort: ***keine Gefahr doppelter Inanspruchnahme***):
  - Der Schuldner braucht, wie sich aus § 1163 I 2 BGB ergibt, auf die Forderung nur zu zahlen, wenn er dafür die geleistete Sicherheit zurückerhält. Diesen Anspruch kann er seiner Zahlung zurückbehaltend gemäß § 273 I BGB entgegenhalten. Sind aber Inhaber der Hypothek und Inhaber der Forderung verschiedene Personen, kann der Forderungsinhaber seine Forderung ***dauerhaft nicht durchsetzen***, weil er außerstande ist, die Hypothek, die er nicht hat, zu übertragen.
  - Auch aus §§ 1160, 1161 und 1144 BGB folgt, dass der Schuldner nur ***nach Aushändigung*** des Hypothekenbriefs zu leisten braucht.
  - Selbst bei einer Grundschuld muss der persönliche Schuldner die Forderung nur Zug um Zug gegen Rückübertragung der Grundschuld tilgen. Das gilt ***erst recht*** für die akzessorische Hypothek.

Hinweis

Das hier besprochene Problem tritt auf, wenn die Abtretung nach § 1154 BGB unerkannt nichtig ist (etwa gemäß § 105 II BGB) und später ein gutgläubiger Erwerb des *Grundpfandrechts* vom Scheinhypothekar stattfindet.

Literatur

Petersen/Rothenfußer, WM 2000, 657

53 Gefälschte Beglaubigung i.R.v. § 1155 BGB

G
§ 1155
Rn 4

Nach § 1154 BGB kann eine Briefhypothek ohne Eintragung des Erwerbers im Grundbuch übertragen werden. Entsprechend regelt § 1155 BGB den gutgläubigen Erwerb vom nichteingetragenen Briefhypothekar. Ein Rechtsscheintatbestand liegt danach nur vor, wenn der durch Briefbesitz legitimierte Hypothekar (der Zedent) seine Berechtigung vom eingetragenen Hypothekengläubiger durch eine ununterbrochene Kette öffentlich beglaubigter Abtretungserklärungen herleiten kann (Stichwort: *Projektion des Briefs ins Grundbuch*). Dann finden die §§ 891 – 899 BGB in derselben Weise Anwendung, wie wenn der Zedent im Grundbuch eingetragen wäre. Umstritten ist die Projektionswirkung, wenn die öffentliche Beglaubigung gefälscht ist. Das ist der Fall,

Streitstand ⇨ **wenn eine notarielle Beglaubigung gar nicht stattgefunden hat oder der Beglaubigungsvermerk selbst gefälscht ist.**

a) Gutglaubensschutz

Teilweise wird die Auffassung vertreten, dass § 1155 BGB auch bei gefälschter öffentlicher Beglaubigung ***anwendbar*** sei, sofern die Fälschung als solche nicht erkennbar ist.

Argument:

- Im Interesse der Verkehrsfähigkeit der Briefhypothek muss der ***Schein einer echten Urkunde*** genügen, um den redlichen Erwerb zu ermöglichen. (Stichwort: ***Verkehrsfähigkeit***)

b) Strenge Lösung

Redlicher Erwerb gemäß § 1155 BGB setzt nach überwiegender Auffassung voraus, dass die öffentliche Beglaubigung der Abtretungen ***echt*** ist.

Argumente:

- Im BGB setzt redlicher Erwerb voraus, dass der Rechtsscheintatbestand objektiv vorliegt. Rechtsscheinträger i.R.v. § 1155 BGB sind der Briefbesitz ***und*** die öffentlich beglaubigten Abtretungserklärungen. Unechte öffentliche Beglaubigungen begründen objektiv keinen Rechtsscheintatbestand. Der bloße ***gute Glaube an das Vorliegen eines Rechtsscheintatbestandes ist nicht geschützt***. (Stichwörter: ***objektiver Rechtsscheintatbestand***)
- Der gefälschte Beglaubigungsvermerk steht einer Fälschung des Grundbuchs durch zur Grundbuchführung nicht befugte Personen gleich. So, wie anerkannt ist, dass derlei Eintragungen keinen redlichen Erwerb ermöglichen, kann auch die gefälschte Beglaubigungsurkunde nicht die Wirkungen des § 1155 BGB auslösen. (Stichwort: ***Vergleich Grundbuchfälschung***)

Hinweis

Eine andere und vom obigen Problem zu trennende Frage ist diejenige, ob § 1155 BGB anwendbar ist, wenn die **Abtretungserklärung gefälscht** ist, sie also nicht von demjenigen unterzeichnet wurde, der im Beglaubigungsvermerk ausgewiesen ist. Dies kann darauf beruhen, dass der Notar getäuscht worden war, aber auch auf bewusster Falschbeurkundung. In jedem Fall ist aber der ***Beglaubigungsvermerk als solcher echt***, weil er tatsächlich von einem Notar gefertigt wurde.

- Gegen die Anwendbarkeit von § 1155 BGB spreche der Wortlaut, wonach es gerade auf die echte Abtretungserklärung ankomme. Auch trage grundsätzlich derjenige das Risiko einer gefälschten Unterschrift, der sich auf die Echtheit berufe.
- Überwiegend wird betont, dass nicht die echte Abtretungserklärung Rechtsscheinträger i.R.v. § 1155 BGB sei, sondern der Beglaubigungsvermerk. Außerdem sei diese Fälschung zur Schließung der Abtretungskette deshalb geeignet, weil sie einer bloß falschen Grundbucheintragung gleichstehe, deren Rechtsscheinwirkung anerkannt sei. Die öffentliche Dokumentation begründe den Gutglaubenstatbestand.
- Unter denjenigen, die bei einwandfreien Fälschungen der Abtretungserklärung § 1155 BGB anwenden, wollen einige eine Ausnahme machen, wenn dem Berechtigten der ***Hypothekenbrief gemäß § 935 BGB abhandengekommen*** ist. Dagegen richtet sich der Hinweis, dass § 1155 BGB ein Ersatz für die fehlende Grundbucheintragung sei. Im Immobiliarsachenrecht sei das Merkmal des Abhandenkommens aber ein Fremdkörper.

Literatur

Staudinger/*Wolfsteiner* (2019), § 1155 Rn. 18

54 Enthaftung i.S.v. § 1121 I BGB durch Aufhebung des Anwartschaftsrechts

G
§ 1120
Rn 8

Der Haftungsverband einer Hypothek umfasst gemäß § 1120 BGB nicht nur das Eigentum an Grundstückszubehör, sondern auch entsprechende Anwartschaftsrechte des Grundstückseigentümers. Umstritten ist,

Streitstand ⇨ **ob der Grundstückseigentümer dieses Anwartschaftsrecht noch ohne Zustimmung des Hypothekengläubigers, etwa durch Aufhebung des einem Eigentumsvorbehalt zugrunde liegenden Kaufvertrags, aufheben kann.**

Etwas anders liegt es, wenn das einem übertragenem Anwartschaftsrecht zugrundeliegende Schuldverhältnis geändert wird (siehe **STREITSTAND 37**).

a) Schutz

Teilweise wird die Auffassung vertreten, das dem Haftungsverband einer Hypothek unterliegende Anwartschaftsrecht könne ohne Zustimmung des Hypothekengläubigers ***nicht mehr*** einvernehmlich durch Anwartschaftsberechtigten und -verpflichteten aufgehoben werden.

Argument:

- So, wie ein verpfändetes Recht ***nur mit Zustimmung*** des Pfandgläubigers aufgehoben werden kann gemäß § 1276 I 1 BGB, gilt nichts anderes für ein gemäß § 1120 BGB haftendes Anwartschaftsrecht. (Stichwort: ***1276 analog***)

b) Autonomie

Überwiegend wird für richtig gehalten, § 1276 BGB beim Anwartschaftsrecht im Haftungsverband einer Hypothek ***keine Bedeutung*** beizumessen. Der Zustimmung des Hypothekengläubigers bedürfe die Aufhebung des Anwartschaftsrechts nicht. (Hinweis: Ob die Enthaftung des Anwartschaftsrechts eine Entfernung der Sache vom Grundstück i.S.v. § 1121 I BGB erfordert, ist dann wiederum umstritten).

Argumente:

- Die Anwartschaft ist kein Recht i.S.v. § 1276 BGB, sondern steht dem Sacheigentum gleich. Nach dem Schutzzweck von § 1276 BGB soll nur der ***Rechtspfandgläubiger, nicht jedoch der Sachpfandgläubiger*** privilegiert werden. (Stichwort: ***Anwartschaftsrecht ≅ Sacheigentum***)
- Die Aufhebung des Anwartschaftsrechts ist einer (Rück-)Veräußerung an den Eigentümer i.S.v. § 1121 I BGB vergleichbar. Damit ist ***§ 1121 BGB lex specialis gegenüber § 1276 BGB***. (Stichwort: ***Aufhebung als Rückveräußerung***)

55 Rückverschaffungsanspruch bei unrechtmäßiger Entfernung von Sachen aus dem Hypothekenhaftungsverband

G
§ 1135
Rn 3

§ 1135 BGB erstreckt die negatorische Haftung gemäß §§ 1133 f. BGB auch auf solche Einwirkungen, die durch Verschlechterung oder Entfernung *von Zubehörstücken* (Stichwort: *1120*) eine Gefährdung der Hypothek herbeiführen können. Umstritten ist,

Streitstand ⇨ **ob aus §§ 1135, 1133 BGB auch ein (verschuldensunabhängiger) Anspruch auf Rückverschaffung entfernter Zubehörstücke folgt.**

a) Rückverschaffung

Nur vereinzelt wird dem Hypothekengläubiger ein Anspruch auf Rückverschaffung der Sachen aus §§ 1135, 1133 BGB zugestanden, solange die Hypothekenhaftung nach § 1121 BGB nicht erloschen ist.

Argument:

- Der Anspruch aus §§ 1135, 1133 BGB geht wie bei § 1004 I 1 BGB auf ***Beseitigung der Beeinträchtigung des Hypothekenrechts***. Weil die Beeinträchtigung in der Entfernung der Sachen vom Grundstück liegt, wird der Anspruch durch Rückschaffung der entfernten Sachen auf das Grundstück erfüllt.

b) Restriktiv

Ganz überwiegend wird vertreten, dass dem Hypothekengläubiger ***kein verschuldensunabhängiger Rückverschaffungsanspruch*** für entfernte Zubehörstücke zustehe.

Argumente:

- Aus §§ 1135, 1133 f. BGB ergeben sich nur Abwehr-, aber ***keine Leistungsansprüche***. (Stichwort: ***Abwehransprüche***)
- Auch im Übrigen fehlt eine Anspruchsgrundlage: § 1121 BGB regelt nur, ob der Dritte die veräußerten und entfernten Gegenstände belastet oder unbelastet erwirbt. Allenfalls kann der Hypothekar ein Befriedigungsanspruch gemäß § 1147 BGB aus den belasteten Sachen haben.

Hinweis

Liegt ***Verschulden*** vor, hat der Hypothekar jedenfalls einen Schadenersatzanspruch aus § 823 I BGB, weil Grundpfandrechte ein „sonstiges Recht“ sind. Daneben ist auch § 823 II BGB nach überwiegender Auffassung anwendbar, denn die §§ 1135, 1133 BGB seien Schutzgesetz.

56 Eigentümergrundschuld nach Hypothekenbestellung ohne wirksame Einigung

G
§ 1163
Rn 1

Wird wirksam eine Hypothek bestellt, ohne dass die Forderung entsteht, erwirbt der Eigentümer gemäß §§ 1163 I 1, 1177 I BGB eine Eigentümergrundschuld. Ein anderer Fall ist derjenige, dass die Bestellung der Fremdhypothek daran scheitert, dass die *Willenserklärung des Gläubigers nichtig* ist. Dann ist die zu seinen Gunsten eingetragene Hypothek nicht wirksam entstanden. Umstritten ist,

Streitstand ⇨ **ob diese nichtige Fremdhypothek in ein Eigentümergrundpfandrecht umgedeutet werden kann.**

a) Nichtigkeit

Verbreitet ist die Auffassung, dass eine nichtige Hypothekenbestellung ***nicht*** zur Entstehung eines Eigentümergrundpfandrechts führt.

Argumente:

- Für ein originäres Eigentümergrundpfandrecht gemäß § 1196 BGB fehlt es an einer Eintragung *zugunsten des Eigentümers.* (Stichwort: ***1196 nicht ohne Eintragung des Eigentümers***)
- § 1163 I 1 BGB setzt eine wirksame Einigung voraus, an der es fehlt. (Stichwort: ***1163 nicht ohne wirksame Hypothekenbestellung***)

b) Umdeutung: § 1163 BGB analog

Überwiegend wird für richtig erachtet, dass ein ***Eigentümergrundpfandrecht trotz Eintragung einer Fremdhypothek*** entsteht, wenn ungeachtet der nichtigen Einigung wenigstens eine wirksame Erklärung *des Eigentümers* vorliegt, die den ***Willen*** erkennen lässt, dass ein Grundpfandrecht entstehen soll.

Argumente:

- In der Willenserklärung des Eigentümers zur Bestellung der Hypothek liegt ***notwendig*** die Erklärung, die auf Entstehung eines Eigentümergrundpfandrechts gerichtet ist. Das folgt aus § 1163 I, II BGB, wonach jede Fremdhypothek potentiell von Anfang an eine Eigentümergrundschuld ist. (Stichwort: ***potentielle Eigentümergrundschuld***)
- Versteckte Eigentümergrundpfandrechte kommen häufig vor, etwa in §§ 1163 und 1168 BGB. Deshalb hindert die Eintragung eines Fremdgrundpfandrechts die Umdeutung nicht. (Stichwort: ***häufig versteckte Eigentümergrundpfandrechte***)
- Der Zweck von § 1163 BGB, dem Eigentümer die Rangstelle zu sichern, trifft auf den Fall der Nichtigkeit der Einigung ebenso zu wie bei Fehlen der zu sichernden Forderung. (Stichwort: ***Rangsicherung***)

Hinweis

Ein ähnliches Problem liegt in den Konsequenzen der **Hypothekenbestellung für eine Scheinforderung**: Einigen sich die Parteien über die hypothekarische Sicherung einer Forderung, von der sie wissen, dass die Forderung nicht besteht, wird überwiegend angenommen, dass mangels Forderung eine Eigentümergrundschuld gemäß § 1163 I 1 BGB entstehe. Dagegen wird vorgetragen, dass in diesem Fall die Einigung zur Hypothekenbestellung als Scheingeschäft i.S.v. § 117 I BGB vielmehr nichtig sei, was zur Gesamtnichtigkeit der Hypothekenbestellung führe, § 139 BGB. Dann stellt sich das oben erörterte Problem.

Literatur

Staudinger/*Wolfsteiner* (2019), Einl zu §§ 1113 ff., Rn. 107 ff.

57 Sicherungsgrundschuld, Einreden der Nichtvalutierung und Bösgläubigkeit

G
§ 1191
Rn 24

Der Eigentümer kann dem Inhaber der Sicherungsgrundschuld Einreden aus dem Sicherungsvertrag entgegenhalten. Eine solche ist die Einrede der Nichtvalutierung, wenn die gesicherte Forderung nicht besteht. Diese Einrede wirkt gemäß §§ 1192 I, 1157 S. 1 BGB auch gegenüber dem Erwerber der Grundschuld. Aus §§ 1192 I, 1157 S. 2, 892 BGB folgt aber gleichzeitig, dass der Erwerber hinsichtlich der Einreden des Eigentümers den Schutz des öffentlichen Glaubens des Grundbuchs genießt, also die *Einreden gutgläubig „wegerwerben"* kann. Umstritten ist,

Streitstand ⇨ **wann der Erwerber einer Sicherungsgrundschuld bösgläubig ist.**

a) Weite Bösgläubigkeit

Auf eine Reichsgerichtsentscheidung geht die heute noch teilweise vertretene Auffassung zurück, dass der Erwerber allein aufgrund ***Kenntnis von der Sicherungsabrede*** bösgläubig ist. Er könne die Einrede der Nichtvalutierung nicht gemäß §§ 1192 I, 1157 S. 2, 892 BGB wegerwerben.

Argument:

- Der Grundschuld steht – und das weiß der Erwerber positiv – von Anfang an die Einrede aus der Sicherungsabrede entgegen, dass sie erst mit Eintritt des Sicherungsfalls verwertet werden darf (Stichwort: ***Einrede des Nichteintritts des Sicherungsfalls***). Die Einrede der Nichtvalutierung ist nur ein Unterfall dieser Zweckbindung der Grundschuld. Für die Gutgläubigkeit wäre daher ein *positiver* Rechtsscheintatbestand erforderlich, dass der Verwertungsfall eingetreten ist. Andernfalls ist der Erwerber wegen positiver Kenntnis vom Sicherungscharakter hinsichtlich der Einreden bösgläubig. (Stichwort: ***kein positiver Rechtsscheintatbestand für Eintritt des Verwertungsfalls***)

b) Enge Bösgläubigkeit

Überwiegend wird vertreten, dass Bösgläubigkeit ***erst bei konkreter Kenntnis*** derjenigen Tatsachen vorliegt, die im Zeitpunkt der Abtretung die Einrede der Nichtvalutierung begründen. Das bloße Wissen um den Sicherungscharakter der Grundschuld genüge dafür nicht.

Argumente:

- Nach § 892 BGB schadet ***allein*** positive Kenntnis einer ***eintragungsfähigen Tatsache*** der Gutgläubigkeit des Erwerbers. Die Sicherungsabrede ist aber ***nicht eintragungsfähig***, weil ihr Vermerk im Grundbuch die Grundschuld in eine Hypothek umwandeln würde. Schon aus diesem Grund führt Kenntnis der Sicherungsabrede nicht zur Bösgläubigkeit. (Stichwort: ***Eintragungsfähigkeit***)

- Für positive Kenntnis der eintragungsfähigen Tatsache der Einrede der Nichtvalutierung genügt nicht, das Bestehen der Einrede bloß billigend in Kauf genommen zu haben. (Stichwort: ***nur positive Kenntnis***) Wäre der Grundschulderwerber ohne positive Kenntnis bereits bösgläubig, stünde er schlechter als beim Erwerb einer weniger verkehrsfähigen Hypothek. (Stichwort: ***Vergleich Hypothek***)
- Wenn sich alle Einreden aus der Sicherungsabrede mit der „Einrede der Nichterfüllung des Sicherungszwecks" erfassen lassen, setzt Bösgläubigkeit aber auch positive Kenntnis vom *Nicht*eintritt des Sicherungsfalls voraus. (Stichwort: ***nur positive Kenntnis vom Nichteintritt des Sicherungsfalls***)

Hinweise

- Nach § 1192 Ia 1 BGB können Einreden, die dem Eigentümer auf Grund des Sicherungsvertrags mit dem bisherigen Gläubiger gegen die Grundschuld zustehen oder sich aus dem Sicherungsvertrag ergeben, auch jedem Erwerber der Grundschuld entgegengesetzt werden, wenn die Grundschuld zur Sicherung eines Anspruchs verschafft worden ist (Sicherungsgrundschuld). § 1157 S. 2 BGB findet insoweit keine Anwendung; der Streitstand ist aber im Fall von § 1192 Ia 2 relevant.
- Erwirbt ein **ablösungsberechtigter Dritter** die Grundschuld gemäß §§ 1192 I, 1150, 268 III BGB analog, ist bereits streitig, ob ein einredefreier Erwerb *überhaupt* möglich ist.
  - Dagegen trägt die ganz überwiegende Meinung vor, dass die §§ 1192 I, 1157 S. 2, 892 BGB einen rechtsgeschäftlichen Erwerb voraussetzen würden, die Grundschuld aber kraft Gesetzes auf den Ablösungsberechtigten übergehe.
  - Vereinzelt wird entgegnet, der Ablösungsberechtigte dürfe nicht schlechter stehen als andere Erwerber von Grundpfandrechten, weil er ebenso schutzbedürftig sei. Auch die Ablösung der Grundschuld sei im Übrigen primär rechtsgeschäftlicher Natur, selbst wenn sich der Übergang rechtstechnisch kraft Gesetz vollziehe.
  - Hinzuweisen ist endlich darauf, dass in der Ablösung des Eingetragenen eine Leistungsbewirkung i.S.v. § 893 BGB liegt. Jedoch ist ein einredefreier gutgläubiger Erwerb nach dieser Vorschrift nicht möglich, da § 1157 S. 2 BGB auf sie gerade nicht verweist.

Literatur

Wilhelm, Sachenrecht (6. Auflage), Rn. 1779 ff.

58 Isolierte Abtretung der Forderung bei Sicherungsgrundschuld

G
§ 1191
Rn 22

Die Grundschuld ist nicht akzessorisch, § 1191 I BGB. Wird sie zur Sicherung einer Forderung bestellt, ergibt sich jedoch aus dem Sicherungsvertrag – ob auch konkludent, ist streitig – die schuldrechtliche Verpflichtung, die gesicherte Forderung nicht isoliert von der Grundschuld abzutreten. Umstritten ist,

Streitstand ⇨ **ob das Abtretungsverbot dingliche Wirkung entfaltet, so dass die isolierte Abtretung nichtig wäre.**

a) Schuldrechtliche Lösung

Überwiegend wird dem Abtretungsverbot aus dem Sicherungsvertrag ***nur schuldrechtliche Bedeutung*** beigemessen. § 399 Fall 2 BGB sei nicht einschlägig.

Argument:

- Die Nichtakzessorietät der Grundschuld verbietet eine dingliche Verbindung von Grundschuld mit Forderung. (Stichwort: ***keine Akzessorietät***)

b) Dingliche Lösung

Teilweise wird vertreten, der Verstoß gegen das Verbot aus dem Sicherungsvertrag führe ***gemäß § 399 Fall 2 BGB zur Nichtigkeit*** der Abtretung.

Argument:

- Für Forderungen gilt § 399 Fall 2 BGB. Dessen Anwendung stellt die ***Nichtakzessorietät*** der Grundschuld nicht in Frage. Weder ist damit die Übertragbarkeit der Grundschuld an die Forderung gebunden, noch ist der Bestand der Grundschuld durch die dingliche Wirkung des Abtretungsverbots an den Bestand der Forderung gekoppelt. (Stichwort: ***Irrelevanz für Akzessorietätsfragen***)

Hinweis

Eine **andere Frage** ist, ob die ***Sicherungsgrundschuld*** *mit dinglicher Wirkung* ***an die Forderung*** gekoppelt werden kann. Zwar gelten gemäß § 413 BGB die §§ 398 ff. BGB auch für andere Rechte als Forderungen, etwa für Grundschulden. Jedoch ist die Abtretung der Grundschuld durch §§ 1192, 1154 f. BGB speziell geregelt, so dass jedenfalls der Gutglaubensschutz eingreift. Im Übrigen würde das Abtretungsverbot eine Inhaltsänderung der Grundschuld bedeuten, die eintragungspflichtig wäre. Diese Eintragung ist aber wegen Umgehung der Nichtakzessorietät unzulässig. (Stichwort: ***Typenzwang***)

59 Zahlungen des Eigentümers auf die Grundschuld

G
§ 1191
Rn 36

Bei zwangsweiser Befriedigung aus dem Grundstück erlischt die Grundschuld gemäß §§ 1192 I, 1181 BGB. Im Gegensatz dazu ist anerkannt, dass Zahlungen des Eigentümers auf die Fremdgrundschuld außerhalb des Zwangsverfahrens zur *Entstehung einer Eigentümergrundschuld* führen. Streit besteht hingegen

Streitstand ⇨ **über die dogmatische Herleitung dieses Resultats.**

a) §§ 1142, 1143 BGB analog (ganz überwiegende Auffassung)

Argument:

- Unbestritten ist das Recht des Eigentümers aus § 1142 BGB analog, den Inhaber der Grundschuld zu befriedigen. Dann muss konsequent auch § 1143 BGB Anwendung finden, um die Rechtsfolge der Ablösung des Grundpfandrechts zu ermitteln. (Stichwort: ***1143 folgt 1142***)

b) § 1163 I 2 BGB analog

Argument:

- § 1163 I 2 BGB enthält zwei Aussagen, nämlich erstens, dass bei Befriedigung des Gläubigers sich auch die Hypothek erledigt. Diese Aussage ist akzessorietätsbedingt. Die zweite hingegen nicht: Als Folge ihrer Erledigung geht die Hypothek auf den Eigentümer über. Gemäß § 1192 I BGB findet deshalb § 1163 I 2, Aussage 2 BGB entsprechend Anwendung. (Stichwort: ***die 2 Aussagen des 1163 I 2***)

Hinweise

- Ob auf die Grundschuld gezahlt wurde, ergibt sich aus der **Tilgungsbestimmung** des Leistenden, § 366 I BGB. Fehlt es an einer ausdrücklichen Tilgungsbestimmung, wird durch ***Auslegung*** ermittelt, worauf gezahlt wurde. Berücksichtigung muss finden, ob Eigentümer und Schuldner identisch sind und ob die gesamte Schuld auf einmal getilgt wird oder nicht:
    - o Sind Eigentümer und Schuldner personenverschieden, leistet der persönliche Schuldner auf die Forderung; der Eigentümer zahlt auf die Grundschuld. (Stichwort: ***Jedem das Seine.***)
    - o Bei Personenidentität entscheidet der Einzelfall. Im Interesse der Bank liegt es, dass nur auf die Forderung gezahlt wird, weil ihr dann die Grundschuld (zunächst) verbleibt. Wird jedoch die ganze Schuld auf einmal getilgt, zahlt der Eigentümer-Schuldner regelmäßig auf Grundschuld und Forderung gleichzeitig. (Stichwort: ***Interessenlage***)
- **Bei Personenidentität** von Eigentümer und Schuldner wird häufig eine Tilgungsbestimmung bereits in **antezipierter Form** in der Sicherungsabrede getroffen (– und

zwar dergestalt, dass nur auf die Forderung geleistet wird). Dann ist streitig, ob der Eigentümer-Schuldner diese ***bei Zahlung noch einseitig ändern*** kann. Rechtsprechung und Schrifttum halten die ***Vereinbarung einer Tilgungsreihenfolge überwiegend für verbindlich***.

- Dafür spricht, dass § 366 I BGB dispositives Recht ist und demnach vertraglich abbedungen werden kann. Die Vereinbarung binde die Parteien. (Stichwort: ***pacta sunt servanda***)
- Dadurch wird der Schuldner nach anderer Auffassung aber nicht gehindert, einseitig eine abweichende und wirksame – wenn auch vertragswidrige – Tilgungsbestimmung zu treffen. (Stichwort: ***schuldrechtlich ≠ dinglich***) Andernfalls würde man den Schuldner auch mit einer Rechtsfolge seiner Leistung belasten, die er ausdrücklich nicht wollte. Das widerspräche dem Grundsatz der Privatautonomie. (Stichwort: ***Privatautonomie***)

- Sind Eigentümer und Schuldner **personenverschieden**, ist das ***Schicksal der Forderung*** umstritten, wenn der Eigentümer auf die Sicherungsgrundschuld leistet.
  - Teilweise wird vertreten, die Forderung erlösche. Dagegen spricht, dass es an einem Erlöschenstatbestand fehlt. Deshalb sei allenfalls fraglich, ob die Forderung analog § 1143 BGB auf den Eigentümer übergehe. Für eine *cessio legis* spreche, dass die Forderung überhaupt nur noch im Interesse des Eigentümerregresses aufrechterhalten werde. Dann müsse dem Eigentümer die Forderung auch kraft Gesetzes zustehen. (Stichwort: ***telos 1143***)
  - Überwiegend wird ein ***automatischer Übergang der Forderung abgelehnt*** und nur ein Anspruch des Eigentümers aus dem Sicherungsvertrag auf Abtretung der Forderung befürwortet. (Stichwort: ***Sicherungsabrede***) § 1143 BGB sei auf Grundschulden gemäß § 1192 I BGB nur hinsichtlich der Grundschuld selbst anwendbar, nicht aber auf eine Forderung, da eine solche der Grundschuld mangels Akzessorietät gar nicht untrennbar zugrunde liege. (Stichwort: ***keine Akzessorietät***). Streitig ist endlich, ob der Anspruch auf Abtretung nur bei bestehendem Rückgriffsrecht im Innenverhältnis besteht, oder ohne Rücksicht darauf.

Literatur

Wilhelm, Sachenrecht (6. Auflage), Rn. 1796

60 Erfüllungswirkung nach § 893 BGB bei Zahlung an nichtberechtigten Inhaber einer Sicherungsgrundschuld

G
§ 893
Rn 2

Anerkannt ist, dass der Eigentümer von seiner dinglichen Verpflichtung gegenüber dem *wahren* Inhaber einer Sicherungsgrundschuld gemäß § 893 BGB frei wird, wenn er an den im Grundbuch eingetragenen Grundschuldinhaber leistet.

Streitstand ⇨ **Umstritten ist hingegen, ob dies auch für die Verpflichtung als persönlicher Schuldner des wahren Inhabers der gesicherten Forderung gilt.**

a) Rein dingliche Erfüllung

Die Rechtsprechung betont, dass Zahlungen an den nichtberechtigten Inhaber einer Sicherungsgrundschuld die persönliche Forderung ***unberührt*** lassen.

Argumente:

- § 893 BGB schützt nur Leistungen auf die eingetragene ***dingliche Schuld***. Der gute Glaube des Leistenden, dass ein Grundpfandrecht eine bestimmte Forderung sichert, wird von § 893 BGB nicht geschützt. (Stichwort: ***kein Gutglaubensschutz für Forderungen***)
- Bei einer Leistung auf die eingetragene Hypothekenschuld wird der Eigentümer zwar auch von seiner persönlichen Verpflichtung frei. Dies ergibt sich aber aus ***§ 1138 BGB***, der als ***akzessorietätsgebundene*** Vorschrift auf Sicherungsgrundschulden ***nicht anwendbar*** ist.

b) Einheitliche Wirkung

Vereinzelt wird vertreten, die Leistung auf die eingetragene Sicherungsgrundschuld befreie den Eigentümer ***auch*** von der gesicherten Forderung.

Argumente:

- Dass der Eigentümer durch Zahlung auf die dingliche Schuld auch von der persönlichen Verpflichtung frei wird, ist *nicht* akzessorietätsabhängig. Denn ***§ 1138 BGB betrifft nicht die persönliche Schuld***, weder bei Hypothek noch bei Grundschuld, sondern ***nur das dingliche*** Recht.
- Durch Leistung auf Grundpfandrechte an den Berechtigten wird der ***Gläubiger befriedigt***. Dann besteht auch keine Verpflichtung mehr aus der persönlichen Schuld, weil der Gläubiger ***nicht doppelt fordern*** kann. Leistet der Eigentümer i.S.v. § 893 BGB an den Nichtberechtigten, wird die Rechtslage aber ***so angesehen, wie wenn*** der Eigentümer an den berechtigten Gläubiger geleistet hätte. Die Befreiung von der persönlichen Forderung ergibt sich daher unabhängig von § 1138 BGB aus § 893 BGB. (***Berechtigten/Nichtberechtigten-Vergleich***)

61 Schicksal der Forderung bei Zahlung eines ablösungsberechtigten Dritten auf eine Sicherungsgrundschuld

G
§ 1191
Rn 38,36

Gemäß §§ 1192 I, 1150, 268 I BGB haben Dritte ein Ablösungsrecht, wenn sie durch Zwangsvollstreckung in das Grundstück aufgrund der Grundschuld eine Rechtsposition zu verlieren Gefahr laufen. Anerkannt ist, dass der Dritte in diesem Fall ausschließlich auf das dingliche Recht, also die Grundschuld, leistet, denn sein Ablösungsrecht beruht auf der Beeinträchtigung seiner Position durch das dingliche Recht. Anerkannt ist ferner, dass infolge der Zahlung die Grundschuld auf ihn übergeht, § 268 III BGB analog. Hinsichtlich der Forderung muss beachtet werden, dass eine *cessio legis* analog § 1143 BGB nicht in Betracht kommt, da der Dritte nicht Eigentümer des Grundstücks ist. Einen Anspruch auf Abtretung der Forderung hat er mangels Sicherungsabrede ebenfalls nicht. Insofern liegt dieser Fall ganz anders als bei Leistung des nicht persönlich schuldenden Eigentümers auf die Sicherungsgrundschuld. Hier nämlich besteht die Möglichkeit eines Regressanspruchs des Dritten gegen den Schuldner nicht. Deshalb werden bei der Frage nach dem Schicksal der Forderung andere Akzente gesetzt. Umstritten ist,

Streitstand ⇨ **ob die Forderung bei Zahlung eines ablösungsberechtigten Dritten auf die Sicherungsgrundschuld erlischt.**

a) Erhaltung

Nach einer Auffassung ***erlischt*** die Forderung auch bei Zahlung eines ablösungsberechtigten Dritten auf die Grundschuld ***nicht***.

Argument:

- Grundschuld und Forderung sind in ihrem Bestand voneinander unabhängig. Die Zahlung auf das dingliche Recht stellt keinen Erlöschensgrund für die Forderung dar. Sie ist nicht erfüllt worden und besteht daher fort. (Stichwort: ***dogmatische Trennung von Grundschuld und Forderung***)

b) Erlöschen

Vielfach wird vertreten, dass die Forderung automatisch durch Zahlung des ablösungsberechtigten Dritten untergehe.

Argument:

- Durch eine Leistung auf die Sicherungsgrundschuld fließt dem Gläubiger etwas anstelle der Leistung des Schuldners aus dem für seine Forderung bestelltem Sicherungsgut zu. Nach Sinn und Zweck der Sicherung (Stichwort: ***Sicherungsgrundschuld***) wird der Gläubiger auch auf diese Weise wegen seiner Forderung befriedigt. (Stichwort: ***normative Zahlungswirkung***) Deshalb darf die Forderung nur noch aufrechterhalten werden, wenn andere Personen als der persönliche Schuldner daran wegen etwaiger Regressansprüche ein Interesse haben. Das ist ausweislich § 1143 BGB regelmäßig der nicht schuldende Eigentümer, nicht aber ein ablösungsberechtigter Dritter. Deshalb geht die Forderung unter.

Hinweise

- **Ablösungsberechtigt sind** insbesondere Besitzer des Grundstücks, wie Mieter oder Pächter; nachrangig dinglich Berechtigte nur, wenn sie nicht in das Geringste Gebot fallen, weil sei dann durch zwangsweise Verwertung des Grundstücks ihr Recht verlieren, §§ 91, 52, 44 ZVG.
- Hat der Ablösende kein Ablösungsrecht gemäß §§ 1192 I, 1150, 268 I BGB, zahlt er auf die Grundschuld ***gemäß § 267 BGB als „normaler Dritter“***, so dass diese nicht gemäß § 268 III BGB analog auf ihn übergeht. Vielmehr entsteht dann eine Eigentümergrundschuld.

Literatur

Staudinger/*Wolfsteiner* (2015), Vorbem zu §§ 1191 ff. Rn. 143 ff. (148)

62 Weite Zweckerklärung für Sicherungsgrundschulden in AGB

G
§ 1191
Rn 44

Banken verwenden vorformulierte Sicherungsabreden, in denen die Sicherung aller „***gegenwärtigen und künftigen Forderungen des Kreditinstituts***" durch die Grundschuld vereinbart wird. Wenn die Grundschuld (1) nur anlässlich eines bestimmten Kreditgeschäfts gewährt wurde und (2) der Grundstückseigentümer nicht persönlicher Schuldner der zu sichernden Forderung ist, gilt diese weite Zweckerklärung als überraschend i.S.v. § 305c I BGB (Stichwort: ***Anlassrechtsprechung***). Umstritten ist

Streitstand ⇨ **die Zulässigkeit der Klausel, wenn der Eigentümer zugleich persönlicher Schuldner ist.**

Als überraschend wird sie regelmäßig nicht qualifiziert, weil damit zu rechnen sei, dass die Bank alle Forderungen aus der Geschäftsbeziehung sichern will.

a) Schutzwürdigkeit

Vereinzelt wird auch eine unangemessene Benachteiligung, § 307 I BGB, angenommen, wenn nur Forderungen gegen den Eigentümer gesichert werden, sofern die Zweckerklärung über den Anlass der Grundschuldbestellung hinausgeht.

Argument:

- Die ***Schutzwürdigkeit des Grundschuldbestellers*** steht der eines Bürgen nicht nach, denn regelmäßig erschöpft sich das wesentliche Vermögen des Schuldners im Grundstück. Mit der weiten Zweckerklärung übernimmt der Grundschuldbesteller daher ein unangemessen großes Risiko. (Stichwort: ***Grundstück als wesentliches Vermögen***)

b) Unbedenklichkeit

Überwiegend wird nicht auf einen Verstoß gegen § 307 I BGB erkannt.

Argumente:

- Anders als bei der Bürgschaft (§ 767 BGB) ist der ***Umfang der Grundschuldhaftung*** gesetzlich nicht geregelt, so dass keine Abweichung vom dispositiven Gesetzesrecht vorliegen kann, vgl. § 307 II Nr. 1 BGB. (Stichwort: ***kein gesetzliches Leitbild***)
- Eine dem Bürgen vergleichbare Schutzwürdigkeit besteht nicht, da der ***Bürge*** mit seinem ***gesamten*** Vermögen haftet, während der Grundschuldbesteller nur aus dem Grundstück in Anspruch genommen werden kann. (Stichwort: ***Haftungsbeschränkung Grundstück***)
- Da nur persönliche Verpflichtungen des Grundschuldbestellers gesichert werden, kann er den ***Umfang der Haftung selbst bestimmen***.

63 Wettlauf der Sicherungsgeber bei Hypothek und Bürgschaft

G
§ 1191
Rn 47

Eine Forderung kann durch Grundpfandrechte und Personalsicherheiten gleichzeitig gesichert werden, etwa durch Hypothek und Bürgschaft. Die uneingeschränkte Anwendung der gesetzlichen Regressregeln fordert die Sicherungsgeber heraus, *möglichst zuerst* auf die gesicherte Forderung zu zahlen, um im Wege der Legalzession das jeweils andere Sicherungsrecht zu erhalten: Zahlt der Eigentümer, geht die gesicherte Forderung gemäß § 1143 I 1 BGB auf ihn über; ihr folgt die Bürgschaft gemäß §§ 412, 401 BGB nach. Zahlt der Bürge, erwirbt er gemäß § 774 I 1 BGB die gesicherte Forderung, gemäß §§ 412, 401 BGB die Hypothek. Umstritten ist

Streitstand ⇨ **der sich somit ergebende uneingeschränkte Regressanspruch des jeweiligen Erstzahlers.**

a) Gesetzesnahe Theorie

Nur vereinzelt wird ein ***uneingeschränkter Regressanspruch*** befürwortet.

Argument:

- Der ***Wortlaut*** des Gesetzes ist zu respektieren. Die Privilegierung des Erstzahlenden fördert eine ***schnelle Gläubigerbefriedigung***.

b) Regressverneinende Lösung

Die Gegenmeinung findet, dass bei mehreren Sicherungsgebern und verschiedenen Sicherungsmitteln ***gar kein Innenregress*** stattfindet.

Argument:

- Eine gesetzliche Grundlage für Regressansprüche bei Konkurrenz *verschiedener* Sicherungsmittel fehlt. Geregelt ist allein der Ausgleich unter Bürgen (§§ 774 II, 426 BGB) und bei mehreren Pfandrechten (§§ 1225 S. 2, 774 II BGB). (Stichwort: ***keine Rechtsgrundlage***)

c) Theorie der Bürgenprivilegierung

Früher war die Auffassung verbreitet, dass zwar der in Anspruch genommene ***Bürge beim Eigentümer*** Regress nehmen kann, ***nicht jedoch der Eigentümer beim Bürgen***.

Argument:

- Vereitelt der Gläubiger den Rückgriff des Bürgen auf andere für die Forderung bestellte Sicherungsrechte, wird der Bürge gemäß § 776 S. 1 BGB frei. Diese Privilegierung muss auch beim Innenregress der Sicherer berücksichtigt werden. (Stichwort: ***776***)

d) Theorie der Gesamtschuld

Überwiegend, insbesondere von der Rechtsprechung, wird im Verhältnis von Bürgen und Eigentümer ein ***gegenseitiger Ausgleich*** befürwortet. Mehrere Sicherungsgeber seien immer ***wie Gesamtschuldner, § 426 BGB analog***, zu behandeln.

Argumente:

- Regressansprüche können nicht von der Zufälligkeit des ersten Zugriffs abhängen. (Stichwort: ***kein Zufallsregress***)
- Bürgschaft und Hypothek sollen die Forderung gleichstufig sichern. (Stichwort: ***gleichstufige Sicherungsmittel***) Dagegen spricht auch nicht § 776 BGB, da diese Vorschrift nur das Rechtsverhältnis zwischen Bürgen und Gläubiger betrifft, nicht jedoch die Innenbeziehung mehrerer Sicherer.
- ***§ 1143 I 2 BGB*** verweist auf den Bürgenregress. Auch das spricht für eine ***Gleichartigkeit von Hypothekar- und Bürgenregress***.

Hinweise

- Nach der Rechtsprechung besteht ein gesetzliches Regressverhältnis auch zwischen Bürgen und **Grundschuldbesteller**.
- Der **Innenausgleich** mehrerer Sicherungsgeber folgt nach ganz überwiegender Auffassung ebenfalls den Regeln des Gesamtschuldverhältnisses. Umstritten sind aber die Haftanteile bei unterschiedlichen Haftungshöchstbeträgen.
    - Überwiegend wird befürwortet: Haben mehrere für dieselbe Forderung Sicherheit mit unterschiedlichen Höchstbeträgen gegeben, deren Summe die Forderung übersteigt, richten sich die Ausgleichsansprüche ***nach dem Verhältnis der Höchstbeträge*** zueinander. Für diesen verhältnismäßigen Innenausgleich spricht der Grundsatz austeilender Gerechtigkeit.
    - Das ***Gesamtschuldstufenmodell*** sieht vor, dass bis zu dem Haftbetrag, den alle Sicherungsgeber übernommen haben, der Ausgleich nach gleichen Kopfteilen erfolgt. Für weitere Tranchen haften nur noch die *insoweit* Beteiligten zu gleichen Teilen. Dafür spreche, dass soweit Sachverhalte gleich sind, Gleichbehandlung herrschen müsse. Soweit sich Haftungshöchstbeträge decken, folge daraus ein Ausgleich nach gleichen Kopfteilen.

Literatur

Kerbein, JA 1999, 377

Die Vormerkung

Die Vormerkung ***sichert den schuldrechtlichen Anspruch des Gläubigers auf dingliche Rechtsänderung an einem Grundstück***. Typisches Beispiel ist die Auflassungsvormerkung. Sowohl die Entstehung der Vormerkung als auch ihr Fortbestehen hängen von der Existenz des zu sichernden Anspruchs ab: Die Vormerkung ist ***streng akzessorisch***.

Anerkannt ist, dass die Vormerkung ***keine Grundbuchsperre*** bewirkt. Die Eintragung einer vormerkungswidrigen Verfügung macht das Grundbuch nicht einmal unrichtig, vielmehr wird der Dritterwerber Rechtsinhaber. Nur dem Vormerkungsbegünstigten gegenüber ist der Rechtserwerb gemäß § 883 II BGB unwirksam. Deshalb spricht man von ***relativer Unwirksamkeit*** vormerkungswidriger Verfügungen.

Schwierig ist die Vormerkung nicht nur aufgrund ihrer „***Zwitterstellung***" zwischen Sachenrecht und Schuldrecht, sondern auch aufgrund der ***lückenhaften gesetzlichen Ausformung*** dieses Rechtsinstituts. Es ergeben sich mannigfaltige Streitigkeiten, unter anderem:

64 Anspruch auf Bewilligung einer Vormerkung

G
§ 885
Rn 8

Ein Anspruch auf Rechtsänderung an einem Grundstück wird durch Eintragung im Grundbuch, vgl. § 873 I BGB, erfüllt. Er kann durch eine *Vormerkung gesichert* werden, § 883 I 1 BGB. Umstritten ist, ob der Gläubiger auf Einräumung eines

Streitstand ⇨ **eintragbaren Rechts mit Abschluss des schuldrechtlichen Vertrages automatisch einen Anspruch auf Bewilligung einer Vormerkung erlangt.**

a) Theorie des automatischen Anspruchs

Überwiegend wird ein Anspruch auf Bewilligung einer Vormerkung *ex lege* oder kraft vertraglicher Nebenpflicht ***bejaht***.

Argumente:

- Der bloß obligatorisch Berechtigte ist ***in besonderem Maße sicherungsbedürftig***. Dass er deshalb gemäß § 885 I 2 BGB die Eintragung einer Vormerkung im Wege einer einstweiligen Verfügung erzwingen kann, ohne eine Gefährdung des zu sichernden Anspruchs glaubhaft machen zu müssen, kann nur dadurch erklärt werden, dass bereits ein materieller Anspruch auf Bewilligung der Vormerkung kraft Gesetz besteht. (Stichwort: ***eV setzt Anspruch auf Vormerkung voraus***)
- Das Fehlen einer Vormerkung schadet dem obligatorisch Berechtigten mehr als eine eventuell zu Unrecht eingetragene Vormerkung dem (noch) dinglich Berechtigten, weil dieser jedenfalls in den Grenzen des § 883 II BGB weiterverfügen kann, bei unwirksamer Vormerkung sogar unbeschränkt. (Stichwort: ***Gefahrvergleich***)

b) Theorie der Sicherungsabrede

Teilweise wird vertreten, dass die Sicherung des schuldrechtlichen Anspruchs auf Rechtsänderung an einem Grundstück durch eine Vormerkung einer ***gesonderten Vereinbarung*** bedürfe.

Argumente:

- Weder das Gesetz gewährt einen Anspruch auf Vormerkungssicherung, noch kann im Wege der Willensfiktion eine vertragliche Grundlage unterstellt werden. (Stichwort: ***Gesetzeswortlaut***)
- Aus § 885 I 2 BGB kann nicht hergeleitet werden, dass das Gesetz einen Anspruch auf Vormerkungsbewilligung voraussetzt: Als prozessuales Sicherungsmittel setzt die einstweilige Verfügung zwar einen sicherungsfähigen Anspruch, ***nicht aber einen Anspruch auf Sicherung*** voraus. (Stichwort: ***sicherungsfähiger Anspruch ≠ Anspruch auf Sicherung***)

65 Voraussetzung der Sicherung künftiger Ansprüche durch eine Vormerkung

G
§ 883
Rn 15

Auch *zukünftige* Ansprüche auf Rechtsänderung an einem Grundstück können gemäß § 883 I 2 Fall 1 BGB durch eine Vormerkung gesichert werden. Obwohl § 883 I 2 BGB genauso formuliert ist wie § 1113 II BGB, ist anerkannt, dass anders als im Hypothekenrecht nur solche

Streitstand ⇨ **Ansprüche vormerkbar sind, für die bereits ein „gegenwärtiger Rechtsboden" besteht. Wann diese Voraussetzung erfüllt ist, ist umstritten.**

a) Möglichkeitstheorie

Nach älterer Auffassung sind zukünftige Ansprüche schon dann vormerkbar, wenn ihre Entstehung möglich erscheint, sofern nur ihr zukünftiger ***Inhalt hinreichend bestimmt vorhersehbar*** ist.

Argument:

- Der ***Wortlaut*** von § 883 I 2 Fall 1 BGB gibt keinen Anhaltspunkt, die Sicherung zukünftiger Ansprüche einzuschränken. Einzige Grenze bildet das sachenrechtliche Bestimmtheitsprinzip. (Stichwort: ***Bestimmtheitsprinzip***)

b) Restriktive Theorie

Teilweise wird gefordert, dass der „Rechtsboden" derart solide sein müsse, dass die Entstehung des zukünftigen Anspruchs ***nur noch vom Willen des künftigen Berechtigten*** abhängen darf. (Stichwort: ***Gläubigerperspektive***)

Argument:

- Ein legitimes Sicherungsinteresse für zukünftige Ansprüche besteht erst, wenn es nur noch der zukünftig Berechtigte in der Hand hat, ob der Anspruch tatsächlich zur Entstehung gelangt. (Stichwort: ***keine Hoffnungsvormerkung***)

c) Vermittelnde Meinung: Theorie der Schuldnerbindung

Überwiegend wird ein hinreichend vorbereiteter „gegenwärtiger Rechtsboden" dann bejaht, wenn sich der ***zukünftige Schuldner nicht mehr einseitig*** von der vertraglichen Bindung lösen kann. (Stichwort: ***Schuldnerperspektive***)

Argumente:

- Die restriktive Theorie schießt über das Ziel hinaus, weil sie faktisch zur Regel erhebt, dass zukünftige Ansprüche nicht vormerkbar sind. (Stichwort: ***Regel-Ausnahme-Verhältnis***)
- Die Vormerkung ist ein Sicherungsmittel für die Erfüllung von Ansprüchen, die sonst deshalb gefährdet sind, weil der ***Schuldner*** nachträglich unvermögend werden

kann. Der „gegenwärtige Rechtsboden“ richtet sich deshalb ebenfalls danach, ob der zukünftige ***Schuldner*** bereits gegenwärtig gebunden ist. Wenn das der Fall ist, besteht nach dem Schutzzweck der Vormerkung auch bereits ein Sicherungsbedürfnis des zukünftigen Berechtigten. (Stichwort: ***Unmöglichkeitsschutz***)

Hinweise

- **Nicht vormerkungsfähig** sind tatsächliche Erwerbsaussichten, auch aufgrund Verfügung von Todes wegen, und Ansprüche aus formnichtigen Verträgen, selbst wenn diese geheilt werden können.
- Umstritten ist weiterhin, ob auch für ***bedingte Ansprüche*** i.S.v. § 883 I 2 Fall 2 BGB (– die es in Wahrheit gar nicht gibt: bedingt ist das Rechtsgeschäft, aus dem ein zukünftiger Anspruch folgt –) ein gegenwärtiger Rechtsboden erforderlich ist. Dieser liegt auflösend bedingten Rechtsgeschäften ohnehin zugrunde, aber auch bei aufschiebend bedingten Rechtsgeschäften für die zukünftige Entstehung der darin begründeten Ansprüche, arg. e § 162 BGB.
    - Problematisch sind in diesem Zusammenhang zunächst **reine Wollensbedingungen**, bei denen die Wirkungen des Rechtsgeschäfts davon abhängig gemacht sind, dass eine der Parteien erklärt, dass sie das Geschäft nachträglich billige. Diesen wird teilweise bereits die Qualität einer „echten“ Bedingung abgesprochen und betont, dass es sich tatsächlich nicht um ein bedingtes, sondern ein zukünftiges Rechtsgeschäft handele. Damit liegt es nahe, die Grundsätze des „gesicherten Rechtsbodens“ anzuwenden. Deshalb schaden nur Wollensbedingungen in der Person des Berechtigten nicht.
    - **Potestativbedingungen** sind solche, bei denen die Rechtswirkungen des Rechtsgeschäfts von einem *Verhalten* einer Partei abhängen. Bei diesen kann man auch die Gleichbehandlung von zukünftigen und bedingten Ansprüchen betonen und so deren Vormerkungsfähigkeit verneinen, wenn das Verhalten im freien Belieben des zukünftigen Schuldners steht. Jedoch wird in diesem Fall häufig eine hinreichende Bindung bejaht: Der potentielle Schuldner dürfe die betreffende Handlung gerade nicht vornehmen, wenn er die Entstehung der Verpflichtung vermeiden will. Deshalb seien Ansprüche aus Rechtsgeschäften mit einer Potestativbedingung vormerkungsfähig.
- Nach der Rechtsprechung kommt wegen einer unabhängig von dem gesicherten Anspruch fortbestehenden Eintragung der Vormerkung in Betracht, eine materiellrechtlich erloschene Vormerkung **durch einen neu begründeten Anspruch wieder „aufzuladen“**. Dagegen wird vorgetragen, das Eintragungserfordernis bestehe für einen anderen als den ursprünglich gesicherten Anspruch erneut. Dieses Problem hat nichts mit den Anforderungen an einen vormerkbaren Anspruch zu tun.

Literatur

J. Hager, JuS 1990, 429 (431 f.)

Kohler, DNotZ 2011, 808

BGH, Beschluss vom 03.05.2012 - V ZB 258/11 – DNotZ 2012, 609: zu den Grenzen der Wiederaufladbarkeit

66 Konstruktion des gutgläubigen (Erst-) Erwerbs einer Vormerkung

G
§ 885
Rn 12

Wird eine vom Buchberechtigten bewilligte Vormerkung im Grundbuch eingetragen, kann der Gläubiger trotz Nichtberechtigung des Verfügenden die Vormerkung gutgläubig erwerben. Das ist anerkannt, sofern der *zu sichernde Anspruch besteht*. Umstritten ist nur noch

Streitstand ⇨ **die Konstruktion des gutgläubigen Ersterwerbs einer Vormerkung.**

a) Theorie des dinglichen Rechts, § 892 I 1 BGB

Vereinzelt wird heute noch vertreten, die Vormerkung sei ein ***dingliches Recht***. Sie könne deshalb gemäß § 892 I 1 BGB redlich erworben werden.

Argument:

- Dem dinglichen Vorkaufsrecht wird gemäß § 1098 II BGB Vormerkungswirkung beigelegt. Die Drittwirkung der Vormerkung wird dort zum Anlass genommen, das ***Vorkaufsrecht als dingliches Recht*** anzuerkennen. Dies gilt gleichermaßen für die Vormerkung selbst.

b) Verfügungslösung, § 893 Fall 2 BGB

Weit überwiegend wird der gutgläubige Vormerkungserwerb mit § 893 Fall 2 BGB begründet, weil die Bewilligung der Vormerkung eine rechtsgeschäftliche Verfügung zwischen Eingetragenem und Erwerber über das Eigentumsrecht am Grundstück sei.

Argumente:

- § 892 I 1 BGB ist nicht unmittelbar anwendbar, weil die Vormerkung kein dingliches Recht ist. Im Gegensatz zur Vormerkung gibt es mit § 1100 BGB beim dinglichen ***Vorkaufsrecht*** des § 1094 BGB eine ***dinglich ausgestaltete Anspruchsgrundlage***, nämlich einen Herausgabeanspruch gegen den Dritterwerber. Der Anspruch des Vormerkungsgläubigers basiert hingegen auf der schuldrechtlichen Forderung, vgl. § 883 II 1 BGB. Er richtet sich ***nur gegen den Schuldner***.
- § 888 BGB kommt insoweit nur ein unselbständiger Hilfscharakter zu. (Stichwort: ***schuldrechtliche Grundlage der Vormerkung***)
- Die Eintragung der Vormerkung sperrt zwar nicht das Grundstück, führt aber zu ***dinglicher Gebundenheit des Eigentums***. Denn jede vormerkungswidrige Verfügung ist gegenüber dem Geschützten insoweit unwirksam, als sie dessen Anspruch beeinträchtigt, § 883 II 1 BGB (Stichwort: ***dingliche Gebundenheit***). Weil Zweitverfügungen gegenüber dem Vormerkungsgläubiger nicht mehr wirksam vorgenommen werden können, liegt in der Bewilligung der Vormerkung eine unmittelbare ***Einwirkung auf das Eigentumsrecht*** und damit eine Verfügung. Die ***dingliche Bindung des Grundstücks*** liegt auch in den Rechtswirkungen, die die Vormerkung im Erb-

recht (§§ 884, 1971, 2016 BGB), im Insolvenzrecht (§ 106 InsO) und im Zwangsversteigerungsrecht (§ 48 ZVG) hat.

Hinweise

Bei der **Durchsetzung der gutgläubig erworbenen Vormerkung** ergibt sich häufig folgende Problematik: Der Vormerkungsgläubiger ist nach Vormerkungseintragung, aber vor Eigentumserwerb, ***bösgläubig geworden*** oder es wurde inzwischen ein ***Widerspruch*** eingetragen.

- Nach einer nur vereinzelt vertretenen Ansicht setzt der gutgläubige Eigentumserwerb voraus, dass die Rechtsscheinsposition des Veräußerers für den Erwerber bis zur ***Vollendung des Erwerbs*** fortbesteht (oder jedenfalls bis zum Zeitpunkt des § 892 II BGB). Nur dann sei der Eingriff in das Recht des Eigentümers gerechtfertigt.
- Die ständige Rechtsprechung stellt den ***nachträglichen Wegfall der Gutglaubensvoraussetzungen erfüllungsvereitelnden Verfügungen i.S.v. § 883 II 1 BGB gleich***.
  - Nach dem **Schutzzweck** der Vormerkung soll dem vorgemerkten Gläubiger ermöglicht werden, schon vor seiner Eintragung im Grundbuch den ***Kaufpreis*** zu zahlen. Das erfordert eine umfassende Erwerbssicherung.
  - Davon geht auch die gesetzliche Konzeption der Vormerkung aus: In §§ 106 InsO, 48 ZVG ist die sogenannte ***Vollwirkung*** der Vormerkung angelegt.
  - Die Vormerkung soll den Ausschluss von Bedingungen gemäß § 925 II BGB ausgleichen. Wertungsmäßig steht der Vormerkungsgläubiger deshalb einem ***aufschiebend bedingt Berechtigten*** gleich. Deshalb kommt es für den Zeitpunkt der Gutgläubigkeit auf die Vormerkung an, weil auch sonst nachträgliche Bösgläubigkeit den aufschiebend bedingten Rechtserwerb nicht hindert.
  - Der redliche Erwerb einer Vormerkung erlangt seine wesentliche selbständige Bedeutung für die ***Erwerbssicherung*** gerade durch den ***Erhalt der Voraussetzungen des gutgläubigen Erwerbs***.

Literatur

Ehricke/Diehn, JuS 2002, 669

67 Gutgläubiger Zweiterwerb einer Vormerkung

G
§ 885
Rn 19

Wird eine Forderung wirksam abgetreten, gehen bestehende Sicherungsrechte über. Dies gilt auch für die Vormerkung. Überwiegend wird dabei § 401 BGB analog angewandt. Jedoch erwähnt § 401 BGB die Vormerkung nicht. Einige meinen: zu Recht, denn dass die Vormerkung mit der Forderung übergehe, sei selbstverständlich, da sie – anders als die auch akzessorische Hypothek – kein in sich selbständig sinnvolles Recht sei, sondern sich in der Sicherung der Durchsetzbarkeit des vorgemerkten Anspruchs erschöpfe. Unabhängig von der Konstruktion des Rechtsübergangs ist aber der Fall umstritten,

Streitstand ⇨ **dass die zur Sicherung der abgetretenen Forderung im Grundbuch eingetragene Vormerkung tatsächlich nicht besteht.**

a) Redlicher Erwerb, § 892 I 1 BGB analog

Teilweise wird der gutgläubige Zweiterwerb einer Vormerkung vom fälschlich im Grundbuch Vorgemerkten ***befürwortet***. Konstruktiv ist dabei auf Folgendes hinzuweisen: Nicht anwendbar ist § 892 I 1 BGB unmittelbar, weil die Vormerkung nach weit überwiegender Auffassung kein dingliches Recht ist (siehe **STREITSTAND 66**). Der BGH hat sich 1957 in einem *obiter dictum* für die Anwendung von § 893 BGB ausgesprochen und diese Rechtsprechung 2022 bestätigt. Dagegen wird jedoch eingewandt, dass als für den Zedenten eingetragenes Recht i.S. dieser Vorschrift nur die Vormerkung selbst in Frage komme. Denn über diese – nicht über das Grundstück – werde bei der Abtretung verfügt. Nun handele es sich bei der Vormerkung aber nicht um ein Grundstücksrecht i.S.v. § 893 BGB. (**Hinweis:** Anders beim gutgläubigen Ersterwerb – dort geht es um die *Bewilligung* als Verfügung über das *Eigentumsrecht*, hier um die Abtretung als Verfügung über das Vormerkungsrecht). Deshalb sei eine analoge Anwendung von § 892 I 1 BGB erwägenswert.

Argumente:

- Durch die Eintragung der Vormerkung ist ein förmlicher Rechtsscheintatbestand geschaffen, der Vertrauensschutz verdient. (Stichwort: ***Vertrauensschutz kraft Rechtsschein***)
- Dass sich der Übergang der Vormerkung kraft Gesetzes vollzieht (analog § 401 BGB) ist zu vordergründig gedacht. Die gesetzlich angeordnete Rechtsfolge hat nur Entlastungsfunktion und ist materiell-funktional auch rechtsgeschäftlich gewollt. (Stichwort: ***funktionale Betrachtung***)

b) Ablehnende Theorie

Im Schrifttum wird ein redlicher Zweiterwerb der Vormerkung ***überwiegend abgelehnt***.

Argumente:

- Der gutgläubige Erwerb setzt ein ***Verkehrsgeschäft*** voraus, an dem es beim ***Übergang kraft Gesetzes fehlt***. Denn verfügt wird nur über den schuldrechtlichen Anspruch. (Stichwort: ***kein Verkehrsgeschäft***)
- § 892 BGB kann allenfalls dann analog angewandt werden, wenn sich der Übergang der Vormerkung unter Beachtung ***sachenrechtlicher Publizitätserfordernisse*** vollzieht, arg. e §§ 873, 925, 1153 f. BGB. Die Abtretung eines vorgemerkten Anspruchs vollzieht sich jedoch ***außerhalb des Grundbuchs***.
- Während etwa durch die §§ 1153 ff. BGB die Beweglichkeit des Kredits durch rechtssichere Übertragungsmöglichkeiten gefördert werden soll, besteht ein solches Interesse an ***gesteigerter Verkehrsfähigkeit eines vormerkungsgesicherten Anspruchs nicht***. Damit besteht auch keine Notwendigkeit, einen gutgläubigen Zweiterwerb der Vormerkung anzuerkennen. (Stichwort: ***kein Bedürfnis nach Verkehrsfähigkeit***)
- So, wie ein gutgläubiger Erwerb eines Pfandrechts im Wege der Zession abzulehnen ist, arg. e § 1207 BGB (vgl. oben **STREITSTAND 42**), ist auch der gutgläubige Zweiterwerb der Vormerkung ausgeschlossen. (***Vergleich Pfandrecht***)

Hinweise

- Der absolute Klassiker des gutgläubigen Zweiterwerbs einer Vormerkung kann auch in ungewöhnlichen Konstellationen Gegenstand von Aufsichtsarbeiten sein. Denkbar ist etwa die Frage, ob ***gegen eine Vormerkung ein Widerspruch*** eingetragen werden kann. Dies ist nach richtiger Auffassung dann zu verneinen, wenn eine Vormerkung kraft öffentlichen Glaubens des Grundbuchs gar nicht erworben werden kann, weil dann eine Rechtsbeeinträchtigung des Berechtigten nicht zu befürchten ist.
- Unstreitig scheidet ein gutgläubiger Erwerb der Vormerkung aus, wenn schon der gesicherte Anspruch nicht besteht. Einen ***redlichen Forderungserwerb*** – abgesehen von Ausnahmen wie § 405 und § 2366 BGB – gibt es nicht. Auch handelt es sich bei § 1138 BGB um eine nicht analogiefähige Ausnahmevorschrift. Überdies würde eine ***„forderungsentkleidete Vormerkung" keinen Sinn*** machen, weil diese völlig funktionslos wäre.

Literatur

Ehricke/Diehn, JuS 2002, 669
BGH MittBayNot 2023, 354

68 Vermietung als vormerkungswidrige Verfügung i.S.v. § 883 II 1 BGB

G
§ 883
Rn 20

Eine Vormerkung schützt den Berechtigten vor nachteiligen Verfügungen über das Grundstück. Wird über das Grundstück nicht verfügt, sondern wird es vermietet oder verpachtet, sind diese Rechtsgeschäfte für den Berechtigten oft ebenso nachteilig wie Verfügungen, da sie gemäß § 566 BGB auch dem Rechtsnachfolger gegenüber gelten. Deshalb stellt sich die Frage,

Streitstand ⇨ **ob § 883 II BGB auch auf Vermietungen und Verpachtungen Anwendung findet.**

a) Analogielösung

Weit verbreitet ist die Auffassung, § 883 II BGB auf diesen Fall analog anzuwenden.

Argumente:

- Vermietung und Verpachtung wirken wegen § 566 BGB ***verfügungsähnlich***.
- Nach der Interessenlage bedarf der Vormerkungsberechtigte ebenso des Schutzes vor Vermietungen, weil auch diese dazu führt, dass ihm der ***unmittelbare Besitz vorenthalten*** wird. (Stichwort: ***Schutzbedürfnis***)
- Der Mieter darf nicht besser stehen als der dinglich berechtigte Nießbraucher. (Stichwort: ***Vergleich Mieter/Nießbraucher***)

b) Nichtanwendungstheorie

Die auch von der Rechtsprechung vertretene Gegenmeinung wendet § 883 II BGB in diesem Fall ***nicht an***.

Argumente:

- Dafür spricht der ***Wortlaut***.
- Eine Vermietung kann einer Verfügung schon deshalb nicht gleichgestellt werden, weil sie den ***Erwerb*** des Grundstücks ***nicht hindert***.
- Die Miete ist gegenüber dinglichen Rechten ***kein Minus, sondern Aliud***; schließlich kommt dem Mieter anders als dem Nießbraucher umgekehrt auch der ***Gutglaubensschutz des Grundbuchs nicht*** zugute.
- Auf den Schutz des Vormerkungsberechtigten kommt es nicht an, da der soziale Schutz des Mieters gemäß § 566 BGB Vorrang genießt. (Stichwort: ***sozialer Mieterschutz***)

Literatur

Staudinger/*Gursky* (2012), § 883 Rn. 210

69 Anspruchsinhalt von § 888 I BGB

G
§ 888
Rn 5

Umstritten ist,

Streitstand ⇨ **die Auslegung des Begriffs der „Zustimmung" i.S.v. § 888 I BGB.**

a) Materiellrechtliche Theorie

Teilweise wird die Auffassung vertreten, die Zustimmung sei ein ***materiell-rechtliches Erfordernis*** für den Rechtserwerb des Vormerkungsberechtigten.

Argument:

- Die vorherige vormerkungswidrige Verfügung des Schuldners zugunsten des Dritten macht diesen zum gegenwärtigen ***Rechtsinhaber***. Deshalb verfügt der Vormerkungsschuldner zugunsten des Vormerkungsgläubigers ***als Nichtberechtigter***. Erst durch die materiell-rechtliche Zustimmung des Dritten kann die erneute Verfügung des Vormerkungsgläubigers deshalb ***gemäß § 185 BGB wirksam werden***. (Stichwort: ***Vormerkungsschuldner als Nichtberechtigter***)

b) Verfahrensrechtliche Theorie

Nach ganz überwiegender Sichtweise hat die Zustimmung i.S.v. § 888 I BGB ***nur verfahrensrechtliche Bedeutung***.

Argumente:

- Schon der Wortlaut von § 888 I BGB (zur „Eintragung ... oder ... Löschung") spricht dafür, dass der Dritte nur verpflichtet sein soll, die nach dem formellen Konsensprinzip gemäß ***§ 19 GBO*** erforderliche grundbuchrechtliche Erklärung abzugeben. (Stichwort: ***formelles Konsensprinzip***)
- Wenn die vormerkungswidrige Verfügung dem Vormerkungsberechtigten gegenüber ***relativ unwirksam*** ist, bedarf es keiner materiell-rechtlichen Zustimmung des Dritten, weil der vorgemerkte Anspruch durch den Schuldner selbst erfüllt werden kann. Von diesem Verständnis abzuweichen, rückte § 888 I BGB in die Nähe einer gesetzlichen ***Schuldübernahme durch den Dritten***. Diese Konstruktion hatte der Gesetzgeber aber ausdrücklich verworfen. (Stichwort: ***keine gesetzliche Schuldübernahme***)

Hinweis

Nach der verfahrensrechtlichen Lösung geht der Anspruch aus § 888 I BGB bei vormerkungswidriger Übereignung auf Zustimmung des Zwischenerwerbers zur *Eintragung* des Vormerkungsgläubigers als Eigentümer, Fall 1, *nicht* jedoch auf Zustimmung zur *Löschung* der eigenen Eintragung des Gegners.

70 Verzug des vormerkungswidrigen Dritterwerbers

G
§ 286
Rn 4

Ein der Auflassungsvormerkung widersprechender Erwerb des Grundstücks durch einen Dritten ist gegenüber dem Vormerkungsberechtigten relativ unwirksam, § 883 II 1 BGB. Der Dritte ist deshalb gemäß § 888 I BGB verpflichtet, der Eintragung des Berechtigten in das Grundbuch i.S.v. § 19 GBO zuzustimmen. Umstritten ist,

Streitstand ⇨ **ob der Dritte dem Vormerkungsberechtigten auf Ersatz des Verzugsschadens gemäß §§ 280 I, II, 286 BGB haftet.**

a) Theorie des ausschließlichen Hilfscharakters

Nach einer Auffassung hat der Anspruch aus § 888 BGB nur Hilfscharakter. Deshalb seien ***Schadenersatzansprüche*** insoweit ***unbegründet***.

Argumente:

- § 888 BGB dient der Verwirklichung der Eintragung nur insoweit, als das verfahrensrechtliche Eintragungshindernis aus § 19 GBO überwunden werden soll. Weitergehende Pflichten will das Gesetz damit nicht begründen. (Stichwort: ***grundbuchtechnischer Hilfsanspruch***)
- Der Vormerkungsberechtigte kann sich an seinem Vertragspartner schadlos halten. (Stichwort: ***kein Schutzbedürfnis***)

b) Verzugslösung

Überwiegend wird eine Anwendung der Verzugsvorschriften auf § 888 BGB ***befürwortet***, so neuerdings auch von der Rechtsprechung.

Argumente:

- Trotz seines verfahrenstechnischen Hilfscharakters handelt es sich bei § 888 BGB um einen ***materiell-rechtlichen Anspruch***. Er begründet eine dingliche Leistungsbeziehung und damit das von den §§ 280 ff. BGB vorausgesetzte Schuldverhältnis. (Stichwort: ***dingliche Leistungsbeziehung***)
- Der Schutz des Vormerkungsberechtigten durch §§ 883, 888 BGB (Stichwort: ***Vollwirkung***) wäre unvollkommen, wenn er gegen den Zustimmungsverpflichteten keinen Anspruch aus den §§ 280 I, II, 286 BGB hätte. Denn Schadenersatzansprüche gegen den Schuldner des vorgemerkten Anspruchs können sich als undurchsetzbar erweisen. (Stichwort: ***Insolvenzrisiko***)

Hinweise

- Wenn die Vormerkung ein mit dem Besitz verbundenes Recht betrifft, ist zu erwägen, die Verzugshaftung jedenfalls unter die Voraussetzung der Bösgläubigkeit hinsichtlich des Zustimmungsanspruchs (oder in der Terminologie des § 990 BGB: der Herausgabepflicht der Buchposition) analog § 990 II BGB zu stellen.

- Grundsätzlich ist zu bemerken, dass die systematische Stellung der §§ 280 ff. BGB im Schuldrecht und nicht im Allgemeinen Teil des BGB nahe legt, sie nicht im Sachenrecht anzuwenden.

Literatur

Staudinger/*Gursky* (2012), § 888 Rn. 64

BGH, Urteil vom 4.12.2015 – V ZR 202/14

71 Anspruch des Vormerkungsgläubigers gegen den Dritterwerber auf Nutzungsersatz

G
§ 888
Rn 9

Umstritten ist,

Streitstand ⇨ **ob der Vormerkungsgläubiger einen Anspruch gegen den Dritterwerber auf Nutzungsersatz gemäß § 987 I BGB analog hat.**

a) Analogietheorie

Der BGH hält den Dritterwerber gemäß § 987 I BGB analog für verpflichtet, die nach Rechtshängigkeit des fälligen Zustimmungsanspruchs oder ab Kenntnis der Zustimmungspflicht (§ 990 I BGB analog) gezogenen Nutzungen herauszugeben. Dies soll jedenfalls dann gelten, wenn dem Vormerkungsgläubiger gegenüber dem Auflassungsschuldner die Nutzungen zustehen.

Argumente:

- Eine analoge Anwendung der §§ 987 ff. BGB ist deshalb gerechtfertigt, weil der Dritte gegenüber dem Vormerkungsberechtigten ***wie ein Bucheigentümer*** erscheint, während wegen § 883 II 1 BGB dem Vormerkungsberechtigten materiell die Eigentümerposition zugewiesen ist. (Stichwort: ***materielle Eigentümerposition des Vormerkungsgläubigers***)
- Zwar gebühren im Verhältnis zwischen Vormerkungsberechtigtem und Schuldner die Nutzungen nach der Wertung des § 446 I 2 BGB noch dem Schuldner. Das spielt aber dann keine Rolle mehr, wenn die Nutzungen auch im Verhältnis Auflassungsschuldner / Vormerkungsberechtigter **dem Vormerkungsberechtigten** zugewiesen sind. Das ist etwa der Fall, wenn eine Klage auf Auflassung rechtshängig ist, § 292 BGB. (Stichwort: ***doppelte Nutzungszuweisung***)

b) Anspruchsverneinende Lösung

Im Schrifttum wird teilweise ein Anspruch auf Nutzungsherausgabe abgelehnt.

Argumente:

- Im Verhältnis zum Vormerkungsschuldner gebühren dem Vormerkungsgläubiger die Nutzungen erst ***ab Übergabe*** des Grundstücks, § 446 I 2 BGB, oder ab Rechtshängigkeit des Übereignungsanspruchs, § 292 II BGB, oder ab Verzug des Verkäufers, §§ 280 I, II, 286 BGB. Insoweit können die Rechte des Vormerkungsgläubigers gegenüber dem Dritterwerber ***nicht weitergehen***. Denn die vormerkungswidrige Verfügung kann nicht zur Besserstellung des Gläubigers führen. (Stichwort: ***keine Besserstellung des Vormerkungsgläubigers***)
- Eine durch Rechtshängigkeit eingetretene Haftungserweiterung des Vormerkungs- und Auflassungsschuldners gegenüber dem Vormerkungs- und Auflassungsgläubiger gemäß § 292 II BGB berührt die Rechtsbeziehung zum Dritterwerber nicht. (Stichwort: ***Unabhängigkeit der Rechtsbeziehungen im Dreieck***) Dieser schuldet

vielmehr nur die verfahrensrechtliche Zustimmungserklärung und bleibt bis zur Übereignung Inhaber der ***vollen dinglichen Rechtsposition***.

Hinweise

Weniger umstritten ist ein Anspruch des Dritterwerbers auf **Verwendungsersatz** gegen den Vormerkungsberechtigten.

- Eine Regelungslücke besteht, da ein Anspruch aus Geschäftsführung ohne Auftrag mangels Fremdgeschäftsführungswillen nicht eingreift. Eine ***Verwendungskondiktion scheitert*** deshalb, weil der Vormerkungsberechtigte die Verwendungen erst durch Leistung des Vormerkungsschuldners erlangt.
- Zur Ausfüllung der Lücke sind die §§ 994 ff., 999 II BGB das geeignetste Modell. Der Vormerkungsberechtigte erscheint materiell gegenüber dem Dritten wegen § 883 II 1 BGB als Eigentümer. Insbesondere ermöglicht § 999 II BGB, dass die Verpflichtung des Vormerkungsberechtigten erst mit seinem eigenen Eigentumserwerb einsetzt. (Ebenso hat der Buchberechtigte die §§ 994 ff. BGB gegen den § 894 BGB des Eigentümers.)
- Jedoch wird der Dritterwerber wegen der Publizität der Vormerkung im Grundbuch ***normalerweise bösgläubig*** i.S.v. § 994 II BGB sein.

Sehr streitig ist, ob der Vormerkungsgläubiger gegenüber dem Dritterwerber einen **Schadenersatzanspruch** wegen Verschlechterung des Grundstücks hat.

- Dies wird teilweise bejaht nach § 823 I BGB (Vormerkung als sonstiges Recht), teilweise gemäß §§ 990, 989 BGB analog.
- Betont man hingegen die ***Funktion der Vormerkung***, den schuldrechtlichen Verschaffungsanspruch gegen ***anspruchswidrige rechtsgeschäftliche Verfügungen*** zu sichern, können ***tatsächliche*** Beeinträchtigungen Dritter nicht vom Vormerkungsschutz erfasst sein.

Ein ***Unterlassungsanspruch*** des Vormerkungsgläubigers bei drohender Verschlechterung des Grundstücks durch den Dritterwerber ***analog § 1004 BGB besteht ebenfalls nicht***. Eine Analogie zu § 1134 I BGB wird teilweise erwogen. Dagegen spricht jedoch, dass die §§ 1133 – 1135 BGB als leges speciales zu § 1004 BGB Unterlassungsansprüche des Inhabers eines dinglichen Vollrechts, nämlich einer Hypothek, regeln. Die Vormerkung ist aber gerade kein dingliches Vollrecht.

Literatur

Wilhelm, Sachenrecht (6. Auflage), Rn. 2303

72 Vormerkung als Verfügungsbeschränkung i.S.v. § 878 BGB

G
§ 878
Rn 4

Nach § 878 BGB können nachträgliche Verfügungsbeschränkungen den Rechtserwerb nicht mehr hindern, wenn die dingliche Einigung bereits bindend geworden und der Eintragungsantrag gestellt worden ist. Das gilt auch für den vormerkungswidrigen Grundstückserwerb durch einen Dritten. Umstritten ist aber,

Streitstand ⇨ **ob die Vormerkung überhaupt eine Verfügungsbeschränkung i.S.v. § 878 BGB ist.**

Nur dann könnte sich der vormerkungswidrige Dritterwerber gegenüber dem Anspruch des Vormerkungsgläubigers aus §§ 883 II 1, 888 BGB auf § 878 BGB berufen, so dass sein Rechtserwerb auch gegenüber dem Vormerkungsberechtigten wirksam wäre.

a) Analogielösung

Verbreitet ist die Auffassung, die auch die Rechtsprechung teilt, dass eine ***Vormerkung eine Verfügungsbeschränkung i.S.d. § 878 BGB ist***. Diese Vorschrift sei deshalb auf den Vormerkungserwerb entsprechend anwendbar.

Argument:

- Die Vormerkung beschränkt die Verfügungsmöglichkeiten des dinglich Berechtigten insoweit, als nachteilige Verfügungen gemäß § 883 II 1 BGB dem Vormerkungsgläubiger gegenüber relativ unwirksam sind.

b) Theorie des besonderen Schutzbedürfnisses

Die Vormerkung ist nach anderer Auffassung ***keine Verfügungsbeschränkung*** i.S.v. § 878 BGB. Es setzt sich § 883 II 1 BGB gegenüber § 878 BGB durch.

Argumente:

- Der Gesetzgeber hat bei § 878 BGB an gesetzliche oder behördliche Verfügungsbeschränkungen gedacht, deren ***Wirkung nicht von einer Grundbucheintragung*** abhängen. Nur in diesen Fällen, bei denen der durch § 878 BGB Begünstigte nicht einem Antrag beim Grundbuchamt ***entnehmen*** kann, dass eine Verfügungsbeschränkung droht, soll er geschützt sein. (Stichwort: ***kein Schutzbedürfnis***)
- Die Vormerkung ist ***kein bloßes negatives Recht***, das die Verfügungsbefugnis des Berechtigten zugunsten Dritter beschränkt. Vielmehr dient sie der positiven Durchsetzung des vorgemerkten Anspruchs, vgl. §§ 883 III BGB (Rangwirkung), 884 BGB (keine Beschränkung der Erbenhaftung), 106 InsO (Insolvenzfestigkeit), 48 ZVG (Durchsetzung bei Zwangsversteigerung). (Stichwort: ***Vollwirkung***) Die Vormerkung hat damit ***viel stärkere Wirkung als bloße Verfügungsbeschränkungen*** und kann diesen daher nicht gleichgestellt werden. (Stichwort: ***Unterscheidung negative / positive Rechte***)

Hinweise

Dieses Problem (**Vormerkung als Verfügungsbeschränkung i.S.v. § 878 BGB**) ist sorgfältig von folgenden zwei Fragen zu unterscheiden:

- **Verfügungsbeschränkungen und Vormerkungserwerb:** Bei der Bewilligung der Vormerkung, § 885 I 1 BGB, muss der Bewilligende (Vormerkungsschuldner) grundsätzlich noch im Zeitpunkt der Entstehung der Vormerkung verfügungsbefugt über das Grundstück sein, also regelmäßig bei Eintragung der Vormerkung (oder bei nachgeholter Bewilligungserklärung bei deren Zugang). Analog § 878 BGB können Verfügungsbeschränkungen *des Schuldners* den Vormerkungserwerb nicht mehr hindern, wenn die Bewilligung bereits bindend geworden und der Eintragungsantrag gestellt worden ist.
- **Verfügungsbeschränkungen und Durchsetzung des vorgemerkten Anspruchs:** Verfügungsbeschränkungen des Schuldners nach Vormerkungserwerb können als nachteilige Verfügungen i.S.v. § 883 II 1 BGB angesehen werden. Aus der *ratio legis* des § 883 II 1 BGB (Stichwort: ***Vollwirkung***) folgt, dass die Vormerkung vor allen Erfüllungshindernissen schützt, sofern nicht andere Prinzipien des BGB höheren Rang genießen (Stichwort: ***Sozialer Mieterschutz***, vgl. o. **STREITSTAND 68**).

Literatur

Staudinger/*Gursky* (2012), § 883 Rn. 318

73 Erlöschen der Vormerkung bei Vereinigung von Forderung und Schuld durch Erbfolge

G
Vor 362
Rn 4

Die Vormerkung ist einem akzessorischen Sicherungsrecht vergleichbar. Sie erlischt, wenn der gesicherte Anspruch vor Erfüllung oder durch die Erfüllung untergeht. Streitig ist,

Streitstand ⇨ **ob das auch der Fall ist, wenn der vormerkungsberechtigte Gläubiger den Schuldner beerbt.**

a) Konfusionslösung

Insbesondere die Rechtsprechung nimmt ein ***Erlöschen der Vormerkung*** an, wenn der gesicherte Anspruch durch Vereinigung von Forderung und Schuld durch Rechtsnachfolge von Todes wegen untergeht.

Argument:

- Den sicherungsfähigen Anspruch entgegen der grundsätzlich eingetretenen Konfusion als fortbestehend im Wege einer ***Fiktion*** aufrechtzuerhalten kommt allenfalls im Interesse Dritter in Betracht, nicht aber im Interesse des Erben. (Stichwort: ***allenfalls Drittschutz***)

b) Normative Theorien

Vielfach wird für den ***Fortbestand*** der Vormerkung eingetreten.

Argumente:

- Nach §§ 1063 II, 1256 II BGB bleibt die Forderung trotz Konfusionslage bestehen, wenn der Gläubiger daran ein ***Interesse*** hat. Ebenso bleibt die Vormerkung bestehen, wenn der Vormerkungsberechtigte dadurch eine ***günstigere Position als durch Vereinigung*** von Forderung und Schuld kraft Erbgangs erlangt. Das ist immer der Fall, solange der ***Sicherungszweck der Vormerkung fortbesteht***. (Stichwort: ***Rechtsgedanke §§ 1063 II, 1256 II BGB***)
- Die Vormerkung ist zwar kein dingliches Recht, sondern sichert einen schuldrechtlichen Anspruch mit dinglicher Wirkung. Jedoch sind Vormerkung und dingliche Rechte so ähnlich (Stichwort: ***Vollwirkung***), dass nach dem Rechtsgedanken des § 889 BGB die Vormerkung trotz Konfusion bestehen bleibt. (Stichwort: ***§ 889 BGB***)
- Der Erbe ist vermögens- und haftungsrechtlich nur dann eine Einheit mit dem Schuldner, wenn er nicht durch wirksame Geltendmachung der Haftungsbeschränkung eine ***Trennung von Nachlass und Erbenvermögen*** herbeiführt. Jedenfalls unter diesem Vorbehalt steht die Konfusion von Ansprüchen des Erben gegen den Erblasser. (Stichwort: ***Vermögenstrennung***)

Literatur

Wilhelm, Sachenrecht (6. Auflage), Rn. 2282 f.

Zum Wiederaufladen der Vormerkung siehe Hinweis und Literatur zu Streitstand 65